Reclam
Bibliothek

BELLETRISTIK

Afanassi Fet

GEDICHTE

russisch · deutsch

Nachgedichtet von Uwe Grüning

auf daß du
wieder dein
geliebtes

Russisch ...
dein

1990

Reclam-Verlag Leipzig

Herausgegeben von Klaus Müller

Mit einem Nachwort versehen von Uwe Grüning

Mit einer Erzählung und einem Aufsatz des Dichters im Anhang (übersetzt von Andreas Tretner)

ISBN 3-379-00563-0

© Reclam-Verlag Leipzig 1990 (Auswahl, Nachdichtungen, Übersetzungen und Nachwort)

Reclam-Bibliothek Band 1358
1. Auflage
Umschlaggestaltung: Friederike Pondelik unter Verwendung eines Aquarells von Wiktor Borissow-Mussatow „Balkon im Herbst" (1905)
Printed in the German Democratic Republic
Dresdner Druck- und Verlagshaus GmbH
Gesetzt aus Garamond-Antiqua
LSV 7215
Bestellnummer: 6615246
5,–

Только песне нужна красота,
Красоте же и песен не надо.

Denn das Lied ist, das Schönheit begehrt,
Schönheit selbst bedarf keiner Lieder.

Я ПРИШЕЛ К ТЕБЕ С ПРИВЕТОМ,
Рассказать, что солнце встало,
Что оно горячим светом
По листам затрепетало;

Рассказать, что лес проснулся,
Весь проснулся, веткой каждой,
Каждой птицей встрепенулся
И весенней полон жаждой;

Рассказать, что с той же страстью,
Как вчера, пришел я снова,
Что душа всё так же счастью
И тебе служить готова;

Рассказать, что отовсюду
На меня весельем веет,
Что не знаю сам, что́ буду
Петь, – но только песня зреет.

(1843)

ЧУДНАЯ КАРТИНА,
Как ты мне родна:
Белая равнина,
Полная луна,

Свет небес высоких,
И блестящий снег,
И саней далеких
Одинокий бег.

(1842)

GRÜSSEND KAM ICH, DIR ZU ZEIGEN,
Daß die Sonne schon erschien
Und daß zitternd in den Zweigen
Ihre ersten Strahlen glühn;

Kam, die Botschaft dir zu bringen,
Daß kein Schlaf den Wald mehr hüllt,
Er regt alle Vogelschwingen,
Ganz von Frühlingsdurst erfüllt;

Zu gestehn, daß ich die gleiche
Leidenschaft wie gestern spür!
Dienen möchte, wie dem Glück sie
Dient, die Seele immer dir.

Freude spür ich allher dringen,
Bis sie in mir freudig glüht;
Weiß noch nicht, was werd ich singen?
Doch ich weiß, es reift ein Lied.

BILD, SCHÖN OHNEGLEICHEN,
Lieb mir und verwandt:
Ebene, du weiße,
Vollmond überm Land,

Licht der hohen Himmel,
Schnee – ein Funkeln, zart,
Und der fernen Schlitten
Einsam stille Fahrt.

Я жду ... Соловьиное эхо
Несется с блестящей реки,
Трава при луне в бриллиантах,
На тмине горят светляки.

Я жду ... Темно-синее небо
И в мелких, и в крупных звездах,
Я слышу биение сердца
И трепет в руках и в ногах.

Я жду ... Вот повеяло с юга;
Тепло мне стоять и идти;
Звезда покатилась на запад ...
Прости, золотая, прости!

(1842)

ICH WARTE ... DER NACHTIGALL ECHO –
Vom glänzenden Fluß schallt es her.
Das Gras trägt im Mondlicht Brillanten,
Der Kümmel ein Glühwürmchenheer.

Ich warte ... Gestirn jeder Ordnung
Der Himmel, der tiefblaue, trägt,
Ein Zittern durchläuft meine Glieder,
Ich hör, wie das Herz in mir schlägt.

Ich warte ... Im Stehn wie im Gehen
Weht warm es von Süden herbei;
Ein Stern stürzt, fällt nieder im Westen ...
Verzeih, goldner Stern, o verzeih!

На заре ты ее не буди,
На заре она сладко так спит;
Утро дышит у ней на груди,
Ярко пышет на ямках ланит.

И подушка ее горяча,
И горяч утомительный сон,
И, чернеясь, бегут на плеча
Косы лентой с обеих сторон.

А вчера у окна ввечеру
Долго-долго сидела она
И следила по тучам игру,
Что, скользя, затевала луна.

И чем ярче играла луна,
И чем громче свистал соловей,
Всё бледней становилась она,
Сердце билось больней и больней.

Оттого-то на юной груди,
На ланитах так утро горит.
Не буди ж ты ее, не буди …
На заре она сладко так спит!

(1842)

Буря на небе вечернем,
Моря сердитого шум –
Буря на море и думы,
Много мучительных дум –
Буря на море и думы,
Хор возрастающих дум –
Черная туча за тучей,
Моря сердитого шум.

(1842)

IN DER DÄMMERUNG WECKE SIE NICHT,
In der Dämmrung so lieblich sie ruht;
An der Brust atmet Morgenlicht,
In den Grübchen glüht Morgenglut.

Und ihr Kissen ist flammend heiß,
Flammend heiß der Traum sie durchdringt,
Um die Schulter so dunkel und leis
Sich der Zöpfe Doppelband schlingt.

Gestern noch, als der Abend schon fiel,
Saß am Fenster so lang sie, so lang,
Sah der Wolken gewittriges Spiel,
Wenn der gleitende Mond sie durchdrang.

Und der Mond sandte helleres Licht,
Und je lauter die Nachtigall sang,
Desto bleicher, ach, ward ihr Gesicht,
Und ihr Herz schlug schmerzlich und krank.

Deshalb spielt auf den Brüsten, so jung,
Auf den Grübchen die Morgenglut.
Weck sie nicht in der Dämmerung ...
In der Dämmrung so lieblich sie ruht.

STURM HOCH AM ABENDHIMMEL,
Zornigen Meeres Gesang –
Sturm auf dem Meer und Gedanken,
Viele Gedanken, so bang –
Sturm auf dem Meer und Gedanken,
Schwellnder Gedanken Klang –
Schwarzen Gewölkes Gewimmel,
Zornigen Meeres Gesang.

Хандра

1

Когда на серый, мутный небосклон
Осенний ветер нагоняет тучи
И крупный дождь в стекло моих окон
Стучится глухо, в поле вихрь летучий
Гоняет желтый лист и разложён
Передо мной в камине огнь трескучий, —
Тогда я сам осенняя пора:
Меня томит несносная хандра.

2

Мне хочется идти таскаться в дождь;
Пусть шляпу вихрь покружит в чистом поле.
Сорвал ... унес ... и кружит. Ну так что ж?
Ведь голова осталась. – Поневоле
О голове прикованной вздохнешь, –
Не царь она, а узник – и не боле!
И думаешь: где взять разрыв-травы,
Чтоб с плеч свалить обузу головы?

3

Горят дрова в камине предо мной,
Кругом зола горячая сереет.
Светло – а холодно! Дай, обернусь спиной
И сяду ближе. Но халат чадеет.
Ну вот точь-в-точь искусств огонь святой:
Ты ближе – жжет, отдвинешься – не греет!
Эх, мудрецы! когда б мне кто помог
И сделал так, чтобы огонь не жег!

Schwermut

1

Wenn übers graue, trübe Firmament
Fauchend der Herbstwind dunkle Wolken trägt,
Vom Zweig die gelb gewordnen Blätter trennt
Und übers Feld in wilden Wirbeln fegt,
Wenn knisternd im Kamin ein Feuer brennt
Und Regen dumpf an meine Scheiben schlägt, –
Dann muß es in mir selbst auch Herbstzeit sein,
Und eine bittre Schwermut stellt sich ein.

2

Ich will hinausgehn in die Regenflut,
Zerrt auch der Wind und zaust mich noch so sehr.
Schon trägt er wirbelnd weiter meinen Hut.
Was solls? Der Kopf blieb heil. – Und nebenher
Seufzt du, weil fest er auf den Schultern ruht:
Kein Zar, nur ein Gefangener, nicht mehr!
Du überlegst: Wo mag das Springkraut sein,
Vom schweren Haupt die Schulter zu befrein?

3

Im Feuer vor mir krümmen Scheite sich,
Die Aschenglut wird grau und greisenalt:
Hell ists, doch frostig. Los, ich wende mich,
Rück näher. Ach, der Kittel schwelt zu bald!
So narrt der Künste heilges Feuer dich:
Zu nah – du brennst, zu fern – wirst kalt!
Wo ist der Weise, der ein Mittel kennt,
Daß mich das Feuer wärmt, doch nicht verbrennt!

4

Один, один! Ну, право, сущий ад!
Хотя бы черт явился мне в камине:
В нем много есть поэзии. Вот клад
Вы для меня в несносном карантине! ...
Нет, съезжу к ней! ... Да нынче маскерад,
И некогда со мной болтать Алине.
Нет, лучше с чертом наболтаюсь я:
Он слез не знает – скучного дождя!

5

Не еду в город. „Смесь одежд и лиц"
Так бестолкова! Лучше у камина
Засну – и черт мне тучу небылиц
Представит. Пусть прекрасная Алина
Прекрасна. – Завтра поздней стаей птиц
Потянется по небу паутина,
И буду вновь глядеть на небеса:
Эх, тяжело! хоть бы одна слеза!

(1840)

Allein, allein! Die Hölle überall!
Erschien mir wenigstens der Teufel heut,
Der Poesie besitzt. Ein Goldkristall
Seid Ihr in meiner Ausgestoßenheit! ...
Ich fahr zu ihr! ... Nein, heut ist Maskenball,
Alina hat zum Schwatzen keine Zeit.
Gewiß, am Teufel ist mir mehr gelegen:
Die Tränen haßt er, diesen faden Regen!

5

„Gemisch von Kleidern und Gesichtern"* – arm
Und stumpf! Ich bleib, ich will die Stadt heut fliehen,
Schlaf lieber. Mag der Teufel sich voll Charme
Um mich mit seinen Lügenmärchen mühen.
Sei auch Alina schön. – Ein Vogelschwarm
Wird morgen Spinnweb übern Himmel ziehen.
Erneut werd ich hinaufschaun und mich sehnen:
Ach, bittre Schwermut! Flösset ihr nur, Tränen!

* Aus Puschkins Poem „Die Räuberbrüder".

СЛЫШИШЬ ЛИ ТЫ, КАК ШУМИТ ВВЕРХУ УГЛОВАТОЕ СТАДО?

С криком летят через дом к теплым полям журавли,
Желтые листья шумят, в березнике свищет синица.

Ты говоришь, что опять теплой дождемся весны ...
Друг мой! могу ль при тебе дожидаться блаженства
в грядущем?

Разве зимой у тебя меньше ланиты цветут? ...
В зеркале часто себя ты видишь, с детской улыбкой
Свой поправляя венок; так разреши мне сама,
Где у тебя на лице более жизни и страсти:
Вешним ли утром в саду, в полном сияньи зари,
Иль у огня моего, когда я боюсь, чтобы искра,
С треском прыгнув, не сожгла ножки-малютки
твоей?

(1842)

ПЕЧАЛЬНАЯ БЕРЕЗА
У моего окна,
И прихотью мороза
Разубрана она.

Как гроздья винограда,
Ветвей концы висят, –
И радостен для взгляда
Весь траурный наряд.

Люблю игру денницы
Я замечать на ней,
И жаль мне, если птицы
Стряхнут красу ветвей.

(1842)

HÖRST DU DA DROBEN DEN LÄRM AUS DEM FLUGKEIL
DES ˋFLIEHENDEN SCHWARMES?
Kraniche ziehn übers Haus schreiend den Südländern
zu,
Gelbende Blätter rasseln; im Birkenhain pfeift eine Meise.
Du verkündest uns: Warm werde der Frühling, der
kommt ...
Kann als ein künftiges, Freundin, bei dir ich das Glück
nur erwarten?
Sag, ob der Wangen Rot blässer im Winter dir glüht? ...
Oftmals sahst du dich selber im Spiegel, mit kindlichem
Lächeln
Rücktest zurecht du den Kranz, und so entscheide denn
selbst:
Wo verheißt dein Gesicht mehr Leidenschaft und mehr
Leben:
Wenn im Garten das Licht morgens im Frühling erglänzt
Oder am Feuer mit mir, wenn ich bange, der knisternde
Funke
Springe glühend empor, sengend den zierlichen Fuß?

DIE KUMMERVOLLE BIRKE,
Die in mein Fenster blickt,
Hat eines Frostes Laune
Entkleidet und entschmückt.

Zweigspitzen hängen nieder
Wie Reben reif am Wein, –
Doch freudig scheint den Augen
Das Trauerkleid zu sein.

Ich lieb das Licht, das spielend
Sich auf die Zweige legt,
Klag, wenn ein Vogelflügel
Die Schönheit niederfegt.

КАЖДОЕ ЧУВСТВО БЫВАЕТ ПОНЯТНЕЙ МНЕ НОЧЬЮ, И
КАЖДЫЙ

Образ пугливо-немой дольше трепещет во мгле;
Самые звуки доступней, даже когда, неподвижен,
Книгу держу я в руках, сам пробегая в уме
Всё невозможно-возможное, странно-бывалое ... Лампа
Томно у ложа горит, месяц смеется в окно,
А в отдалении колокол вдруг запоет – и тихонько
В комнату звуки плывут; я предаюсь им вполне.
Сердце в них находило всегда какую-то влагу,
Точно как будто росой ночи омыты они.
Звук всё тот же поет, но с каждым порывом иначе:
То в нем меди тугой более, то серебра.
Странно, что ухо в ту пору как будто не слушая слышит;
В мыслях иное совсем, думы – волна за волной ...
А между тем еще глубже сокрытая сила объемлет
Лампу, и звуки, и ночь, их сочетавши в одно.
Так между влажно-махровых цветов снотворного маку
Полночь роняет порой тайные сны наяву.

(1843)

JEDES GEFÜHL ERFASSE ICH KLARER BEI NACHT, UND
IM DUNKEL

Zittert länger und bebt jegliches stumm-scheue Bild;
Faßlicher sind auch die Töne selbst dann, wenn ich ohne
Bewegung,
Haltend ein Buch in der Hand, geh in Gedanken vorbei
An unmöglich Möglichem, seltsam Banalem ... Die Lampe
Brennt matt am Lager, der Mond lächelnd ins Fenster
mir schaut;
Plötzlich beginnt sehr fern eine Glocke zu singen, und
leise
Schwingt ins Zimmer ihr Ton, ach, ich ergeb mich ihm
ganz.
Immer entdeckte darauf das Herz einen Firnis, als hätte
Ihn die sinkende Nacht, hätte mit Tau ihn genetzt.
Immer noch singt dieser Ton bei jedem Glockenschlag
anders,
Schwerer von Kupfer zuerst, reicher an Silber sodann.
Seltsam ist, was die Ohren, die doch nicht lauschen,
vernehmen;
Welle auf Welle durchziehn mich die Gedanken indes ...
Eine noch tiefer verborgene Kraft umfängt nun die Lampe:
Sieh, den Tau und die Nacht läßt sie verschmelzen. So
legt
Manchmal die Mitternacht in die feuchten üppigen Blüten
Schlafgebietenden Mohns heimliche Träume hinein.

ОБЛАКОМ ВОЛНИСТЫМ
Пыль встает вдали;
Конный или пеший –
Не видать в пыли!

Вижу: кто-то скачет
На лихом коне.
Друг мой, друг далекий,
Вспомни обо мне!

(1843)

КОГДА МОИ МЕЧТЫ ЗА ГРАНЬЮ ПРОШЛЫХ ДНЕЙ
Найдут тебя опять за дымкою туманной,
Я плачу сладостно, как первый иудей
  На рубеже земли обетованной.

Не жаль мне детских игр, не жаль мне тихих снов,
Тобой так сладостно и больно возмущенных
В те дни, как постигал я первую любовь
  По бунту чувств неугомонных,

По сжатию руки, по отблеску очей,
Сопровождаемым то вздохами, то смехом,
По ропоту простых, незначащих речей,
  Лишь нам звучавших страсти эхом.

(1844)

WELLENGLEICHE WOLKEN
Fern aus Staub entstehn;
Läufer oder Reiter?
Staub nur ist zu sehn!

Nein doch: Einer reitet
Mutig und allein.
Freund, mein ferner Freund du,
Ach, gedenke mein.

STETS, WENN MEIN TRAUM IN LÄNGST VERGANGNER
TAGE REICH
Dich hinter Rauch- und Nebelschleiern wiederfand,
Wein ich beseligt und beglückt, dem ersten Juden gleich,
   Als er vor dem verheißnen Lande stand.

Mich reun die stillen Träume nicht, die Kinderspiele,
Durch dich so süß und ach, so schmerzlich wild entbrannt
In jenen Tagen, als im Aufruhr der Gefühle
   Die erste Liebe ich empfand,

Im Händedruck und in der Augen Widerschimmer,
Bestärkt vom Lachen bald, bald in der Seufzer Haft,
Wie dumpf, wie dumm ein Wort auch war, wir hörtens
                        immer
   Als Echo nur der Leidenschaft.

УЛЫБКА ТОМИТЕЛЬНОЙ СКУКИ
Средь общей веселия жажды ...
Вы, полные, сладкие звуки, –
Знать, вас не услышать мне дважды!

Зачем же за тающей скрипкой
Так сердце в груди встрепенулось,
Как будто знакомой улыбкой
Минувшее вдруг улыбнулось?

Так томно и грустно-небрежно
В свой мир расцвечённый уносит,
И ластится к сердцу так нежно,
И так умилительно просит?

(1844)

Весна на юге

Ночью месяц, полон блеска,
Ходит, тучи серебря,
Днем в окно тепло и резко
Светит солнце января.

В новых листьях куст сирени
Явно рад веселью дня.
Вешней лени, тонкой лени
Члены полны у меня.

Песня в сердце, песня в поле,
Нега тайная в крови, –
Как-то веришь поневоле
Обаянию любви!

Что ж раздумье? что за слезы?
Иль душой учуял я,
Как сирень убьют морозы
И затихнет песнь моя?

(1847)

EIN LÄCHELN, DEM TRÜBSINN ENTSPRUNGEN,
Wo alle nach Glücksrausch begehren ...
Ihr Töne, so lieblich erklungen, –
Kein zweites Mal werd ich euch hören!

Die Geigen, die klagend verklangen:
Was ließen das Herz sie erbeben,
Als wollte mir jäh, was vergangen,
Sein Lächeln, vertraut scheint es, geben?

Was führt es so traurig-gelassen,
So zart in sein farbschönes Reich,
Will zärtlich das Herz es umfassen
Und bittet so rührend, so weich?

Frühling im Süden

Nachts, wenn dunkle Wolken treiben,
Macht der Mond sie silberklar;
Tags schaut leuchtend durch die Scheiben
Sonne, warm im Januar.
Schon in neuem Laub: den Flieder
Freut des Tages Fröhlichkeit.
Und es fließt durch meine Glieder
Sanft die Frühjahrsmüdigkeit.

Lieder Herz und Flur erfüllen,
Und im Blut glüht Zärtlichkeit, –
Und schon glaubst du wider Willen
An der Liebe Seligkeit.

Was denn – Tränen? Welch ein Sinnen?
Ach, die Seele sagt uns auch,
Daß die Lieder rasch verrinnen,
Frost zerstört den Fliederstrauch.

Странное чувство какое-то в несколько дней
                                              овладело
Телом моим и душой, целым моим существом:
Радость и светлая грусть, благотворный покой и
                                              желанья
Детские, резвые – сам даже понять не могу.
Вот хоть теперь: посмотрю за окно на веселую зелень
Вешних деревьев, да вдруг ветер ко мне донесет
Утренний запах цветов и птичек звонкие песни –
Так бы и бросился в сад с кликом: пойдем же,
                                              пойдем!
Да как взгляну на тебя, как уселась ты там безмятежно
Подле окошка, склоня иглы ресниц на канву,
То уж не в силах ничем я шевельнуться, я только
Всю озираю тебя, всю – от пробора волос
До перекладины пялец, где вольно, легко и уютно,
Складки раздвинув, прильнул маленькой ножки
                                              носок.
Жалко … да нет – хорошо, что никто не видал, как
                                              взглянула
Ты на сестрицу, когда та приходила сюда
Куклу свою показать. Право, мне кажется, всех бы
Вас мне хотелось обнять. Даже и брат твой, шалун,
Что изучает грамматику в комнате ближней, мне дорог.
Можно ль так ложно его вещи учить понимать!
Как отворялися двери, расслушать я мог, что учитель
Каждый отдельный глагол прятал в отдельный залог:
Он говорил, что любить есть действие – не состоянье.
Нет, достохвальный мудрец, здесь ты не видишь ни
                                              зги;
Я говорю, что любить – состоянье, еще и какое!
Чудное, полное нег … Дай бог нам вечно любить!

(1847)

24

Tagelang regte sich in mir ein wunderliches
                                    Empfinden,
Bis es mein Wesen sich ganz, Seele und Leib unterwarf:
Helle Schwermut und Freude, Ruhe und kindliche
                                    Wünsche,
So beschwingt und so wild, daß ich es selbst nicht
                                    verstand.
Heute, da ich das heitere Grün der Bäume im Frühling
Aus meinem Fenster erblick, trägt mir entgegen der
                                    Wind
Jäh den Frühduft der Blüten, der Vögel klangvolle Lieder,
So als bräch mit dem Ruf: Kommt! in den Garten er ein.
Seit ich dich anschau: Du hattest dich leise, die Nadeln
                                    der Wimpern
Hin zum Stramingrund geneigt, neben das Fenster
                                    gesetzt –
Steht es in niemandes Macht, mich von hier zu vertreiben.
                                    Ich sehe
Deine gesamte Gestalt, schaue vom Scheitel des Haars
Bis zu des Stickrahmens Querstab, wo frei und leicht und
                                    behaglich,
Glättend die Falten, sich schmiegt klein und zierlich
                                    der Fuß.
Schade … doch nein! ein Glück ists, daß niemandes Auge
                                    erspähte,
Wie auf der Schwester dein Blick, als sie herbeilief,
                                    geruht,
Als sie die Puppe dir zeigte. Bei Gott, euch alle umarmen
Möcht ich; den Wildfang sogar, den deinen Bruder du
                                    nennst,
Schloß ich ins Herz; er lernt im Nachbarzimmer Grammatik.
      Wie vermag seinen Stoff einer so falsch nur zu lehrn!
Denn da die Tür sich öffnete, höre ich, daß der Lehrer
Jedes einzelne Verb in einem Genus verbarg:
Und er sagte, zu lieben sei eine Handlung – kein Zustand.
      Löblicher Weiser, o nein: blinder als blind bist du hier.
Glaubt mir, ein Zustand ist es zu lieben, und was für ein
                                    Zustand!
      Wunderbar, zärtlich! … Gewähr, ewig zu lieben, uns,
                                    Gott!

25

Тебе в молчании я простираю руку
И детских укоризн в грядущем не страшусь.
Ты втайне поняла души смешную муку,
Усталых прихотей ты разгадала скуку;
Мы вместе – и судьбе я молча предаюсь.

Без клятв и клеветы ребячески-невинной
Сказала жизнь за нас последний приговор.
Мы оба молоды, но с радостью старинной
Люблю на локон твой засматриваться длинный;
Люблю безмолвных уст и взоров разговор.

Как в дни безумные, как в пламенные годы,
Мне жизни мировой святыня дорога;
Люблю безмолвие полунощной природы,
Люблю ее лесов лепечущие своды,
Люблю ее степей алмазные снега.

И снова мне легко, когда, святому звуку
Внимая не один, я заживо делюсь;
Когда, за честный бой с тенями взяв поруку,
Тебе в молчании я простираю руку
И детских укоризн в грядущем не страшусь.

(1847)

Поделись живыми снами,
Говори душе моей;
Что не выскажешь словами –
Звуком нá душу навей.

(1847)

UND SCHWEIGEND REICHE ICH DIR MEINE HAND. NICHT
QUÄLEN
Soll künftig Vorwurf oder Kinderklage mich.
Heimlich durchschautest du die dumme Qual der Seelen,
Begriffst die Langeweile launischer Querelen;
Wir sind geeint – dem Schicksal weih ich schweigend
mich.

Ohne Verleumdung, schuldlos-kindlich, ohne Eide
Sprach Leben uns das letzte Urteil, gab es kund.
Wir zwei sind jung, doch mit althergebrachter Freude
Wird mir dein langgelocktes Haar zur Augenweide;
Ich liebe das Gespräch von Blick und stummem Mund.

In Wahnsinnstagen wie in wilder Jahre Reigen
Des Lebens stilles Heiligtum als wert mir gilt;
Ich lieb der nördlichen Natur erhabnes Schweigen,
Lieb ihrer Wälder Firmament aus Wisperzweigen,
Der Wintersteppen diamantenes Gefild.

Ich fühl erneut mich frei, brauch ich dir nichts zu hehlen,
Lausch nicht allein dem heiligen Ton; längst bürgte ich,
Den heldenhaften Kampf mit Schatten zu erwählen,
Und schweigend reiche ich dir meine Hand: Nicht quälen
Soll künftig Vorwurf oder Kinderklage mich.

TEILE TRÄUME VOLLER LEBEN
Mit mir, sprich zur Seele, sprich!
Was durch Worte nicht gegeben,
Zeigt ihr in den Klängen sich.

Фантазия

Мы одни; из сада в стекла окон
Светит месяц ... тусклы наши свечи;
Твой душистый, твой послушный локон,
Развиваясь, падает на плечи.

Что ж молчим мы? Или самовластно
Царство тихой, светлой ночи мая?
Иль поет и ярко так и страстно
Соловей, над розой изнывая?

Иль проснулись птички за кустами,
Там, где ветер колыхал их гнезды,
И, дрожа ревнивыми лучами,
Ближе, ближе к нам нисходят звезды?

На суку извилистом и чудном,
Пестрых сказок пышная жилица,
Вся в огне, в сияньи изумрудном,
Над водой качается жар-птица;

Расписные раковины блещут
В переливах чудной позолоты,
До луны жемчужной пеной мещут
И алмазной пылью водометы.

Листья полны светлых насекомых,
Всё растет и рвется вон из меры,
Много снов проносится знакомых,
И на сердце много сладкой веры.

Переходят радужные краски,
Раздражая око светом ложным;
Миг еще – и нет волшебной сказки,
И душа опять полна возможным.

Мы одни; из сада в стекла окон
Светит месяц ... тусклы наши свечи;
Твой душистый, твой послушный локон,
Развиваясь, падает на плечи.

(1847)

28

Phantasie

Mond das Gartenfenster matt erhellt;
Still zu zwein ... die Kerzen brennen müder;
Duftend deine Kräusellocke fällt,
Fällt gefügig auf die Schulter nieder.

Warum schweigen wir? Erfüllt und trägt
Uns die Maiennacht, die grenzenlose?
Ob die Nachtigall voll Sehnsucht schlägt,
Sanft ermattend über einer Rose?

Dort, wo Wind die Nester leis bewegt,
Klingt der Vögel Lied jetzt aus den Zweigen?
Wo erglüht, von Eifersucht erregt,
Uns zu sehen, sich die Sterne neigen?

Bunter Märchen prachtgeschmückter Gast
Mit smaragden flammendem Gefieder:
Überm Wasser auf gewundnem Ast
Schwingt der Feuervogel auf und nieder.

Und es glänzen wie im Zaubertraum
Gold- und bildgeschmückte Muschelschalen,
Senden auf zum Mond im Perlenschaum
Diamantene Fontänenstrahlen.

Rings das Blattwerk wird von Käfern hell,
Alles wächst und wird sein Maß verlassen,
Traute Träume ziehn und fliehen schnell,
Süßer Glaube will das Herz umfassen.

Regenbogenlicht vorüberweht,
Reizt das Auge. Nur ein Schlag der Lider,
Und der bunte Märchentraum vergeht.
Wirkliches umfängt die Seele wieder.

Mond das Gartenfenster matt erhellt;
Still zu zwein ... die Kerzen brennen müder;
Duftend deine Kräusellocke fällt,
Fällt gefügig auf die Schulter nieder.

СВЕЖ И ДУШИСТ ТВОЙ РОСКОШНЫЙ ВЕНОК,
Всех в нем цветов благовония слышны,
Кудри твои так обильны и пышны,
Свеж и душист твой роскошный венок.

Свеж и душист твой роскошный венок,
Ясного взора губительна сила, –
Нет, я не верю, чтоб ты не любила:
Свеж и душист твой роскошный венок.

Свеж и душист твой роскошный венок,
Счастию сердце легко предается:
Мне близ тебя хорошо и поется,
Свеж и душист твой роскошный венок.

(1847)

Змей

Чуть вечернею росою
Осыпается трава,
Чешет косу, моет шею
Чернобровая вдова.

И не сводит у окошка
С неба темного очей,
И летит, свиваясь в кольца,
В ярких искрах длинный змей.

И шумит всё ближе, ближе,
И над вдовьиным двором,
Над соломенною крышей
Рассыпается огнем.

И окно тотчас затворит
Чернобровая вдова;
Только слышатся в светлице
Поцелуи да слова.

(1847)

Duftend und frisch ist dein prachtvoller Kranz,
Hörbar der Duft, seinen Blüten entflossen,
Üppig und reich von den Locken umschlossen,
Duftend und frisch ist dein prachtvoller Kranz.

Duftend und frisch ist dein prachtvoller Kranz,
Und ein Verhängnis dein Blick, der so klar ist, –
Daß du nicht liebst – ich glaub nicht, daß es wahr ist:
Duftend und frisch ist dein prachtvoller Kranz.

Duftend und frisch ist dein prachtvoller Kranz,
Leicht wird das Herz, läßt vom Glück sich bezwingen:
Froh werd bei dir ich, will jubeln und singen.
Duftend und frisch ist dein prachtvoller Kranz.

Der Drache

Wenn auf abendlichen Auen
Tau das Gras tränkt, striegelt die
Witwe mit den schwarzen Brauen
Ihren Zopf, den Hals wäscht sie.

Starren Augs, den Blick erhoben,
Sie zum dunklen Himmel sieht,
Und ein langer Drache droben
Funkengrelle Kreise zieht.

Nah und näher kommt er, gleitet
Lärmend zu der Witwe Haus,
Und auf dessen Strohdach breitet
Er sich wie ein Feuer aus.

Und sie mit den dunklen Brauen
Schließt das Fenster rasch; von dort
Aus der hellen Stube hört man
Küsse und so manches Wort.

Постой! здесь хорошо! зубчатой и широкой
Каймою тень легла от сосен в лунный свет …
Какая тишина! Из-за горы высокой
Сюда и доступа мятежным звукам нет.

Я не пойду туда, где камень вероломный,
Скользя из-под пяты с отвесных берегов,
Летит на хрящ морской; где в море вал огромный
Придет – и убежит в объятия валов.

Одна передо мной, под мирными звездами,
Ты здесь, царица чувств, властительница дум …
А там придет волна – и грянет между нами …
Я не пойду туда: там вечный плеск и шум!

(1847), 1855

Шепот, робкое дыханье,
    Трели соловья,
Серебро и колыханье
    Сонного ручья,

Свет ночной, ночные тени,
    Тени без конца,
Ряд волшебных изменений
    Милого лица,

В дымных тучках пурпур розы,
    Отблеск янтаря,
И лобзания, и слезы,
    И заря, заря! …

(1850)

HALT EIN! HIER IST ES GUT! HIER LEGTEN FÖHREN
Ein Band gezackter Schatten auf das Mondenlicht ...
Wie still es ist! Die unruhvollen Laute hören
Wir hier, geschirmt von einem hohen Gipfel, nicht.

Nein, nicht dorthin! wo vor dem Fuß, dem Hang
                                            entgleitend,
Rasch fällt und rascher der verräterische Stein
Zum Strand, wo sich die Woge naht, gewaltig streitend,
Und flieht – und will umarmt von andern Wellen sein.

Allein du stehst vor mir, hier unter stillen Sternen,
Du, meine Herzensfürstin, Geisteskönigin ...
Dort naht die Flut, zu trennen uns durch ihre Fernen,
Wo ewig Lärm und Wandel herrscht: Nein, nicht dorthin!

FLÜSTERN, SCHEUES ATMEN, WANKEN,
    Nachtigallenschlag,
Silberhelles, müdes Schwanken
    Eines Bachs am Hag,

Licht und Schatten, nachtumschlungen,
    Schatten und sonst nichts,
Blendende Veränderungen
    Eines Angesichts,

Rosenglut in Rauchfontänen,
    Bernstein – glanzumloht,
Und die Küsse und die Tränen
    Und das Morgenrot! ...

ЕЩЕ ВЕСНЫ ДУШИСТОЙ НЕГА
К нам не успела низойти,
Еще овраги полны снега,
Еще зарей гремит телега
На замороженном пути.

Едва лишь в полдень солнце греет,
Краснеет липа в высоте,
Сквозя, березник чуть желтеет,
И соловей еще не смеет
Запеть в смородинном кусте.

Но возрожденья весть живая
Уж есть в пролетных журавлях,
И, их глазами провожая,
Стоит красавица степная
С румянцем сизым на щеках.

(1854)

Noch ists dem Frühling nicht gelungen,
Dem duftenden, sich uns zu nahn,
Schnee füllt die Schluchten, Niederungen,
Noch rasselt in den Dämmerungen
Das Fuhrwerk auf gefrorner Bahn.

Rot perlt auf hohen Lindenzweigen.
Kaum wärmt der Mittagssonne Hauch.
Ein erstes Gelb die Birken zeigen,
Jedoch die Nachtigallen schweigen
Noch im Johannisbeerenstrauch.

Vom Neugeborenwerden künden
Die Kraniche, die weiterziehn,
Und ihrem Flug folgt, bis sie schwinden,
Die Schöne in den Steppengründen,
Der bläulich rot die Wangen glühn.

Степь вечером

Клубятся тучи, млея в блеске алом,
Хотят в росе понежиться поля,
В последний раз, за третьим перевалом,
Пропал ямщик, звеня и не пыля.

Нигде жилья не видно на просторе.
Вдали огня иль песни – и не ждешь!
Всё степь да степь. Безбрежная, как море,
Волнуется и наливает рожь.

За облаком до половины скрыта,
Луна светить еще не смеет днем.
Вот жук взлетел и прожужжал сердито,
Вот лунь проплыл, не шевеля крылом.

Покрылись нивы сетью золотистой,
Там перепел откликнулся вдали,
И слышу я, в изложине росистой
Вполголоса скрыпят коростели.

Уж сумраком пытливый взор обманут.
Среди тепла прохладой стало дуть.
Луна чиста. Вот с неба звезды глянут,
И как река засветит Млечный Путь.

(1854)

Die Steppe am Abend

Im Scharlachglanz die Wolkenscharn zergehen,
Die Felder baden sich im Tau. Am Hang
Des dritten Hügels noch einmal zu sehen:
Die Kutsche schwand, und staublos stirbt ihr Klang.

Kein Haus und keine Zuflucht in den Weiten.
Die Feuer, Lieder – fern nur und verlorn!
Und Steppe, Steppe. Wie sich Meere breiten,
Wogt, reifend in den Ähren, rings das Korn.

Noch halb verbirgt den Mond ein Wolkenhügel,
Nicht wagte er hervor am Tage sich.
Ein Feldweih flog mit unbewegtem Flügel,
Ein Käfer stieg und sirrte ärgerlich.

Fern ließ die Wachtel Antwortrufe schallen,
Die Fluren überzog ein goldnes Netz.
Und aus der Senke, in die Tau gefallen,
Hör knarren ich die Wachtelkönige jetzt.

Schon täuscht den spähnden Blick das Dunkel; sieh:
Ins warme Land begann es kühl zu wehen.
Klar scheint der Mond. Im Sternenglanz ist die
Milchstraße wie ein heller Fluß zu sehen.

Сосны

Средь кленов девственных и плачущих берез
Я видеть не могу надменных этих сосен;
Они смущают рой живых и сладких грез,
   И трезвый вид мне их несносен.

В кругу воскреснувших соседей лишь оне
Не знают трепета, не шепчут, не вздыхают
И, неизменные, ликующей весне
   Пору зимы напоминают.

Когда уронит лес последний лист сухой
И, смолкнув, станет ждать весны и возрожденья, –
Они останутся холодною красой
   Пугать иные поколенья.

(1854)

Kiefern

Inmitten jungfräulicher Ahornbäume
Und Birken mag ich stolze Kiefern nicht;
Sie störn die Schar lebendig-süßer Träume,
    Zuwider ist mir ihr Gesicht.

Im Kreis der auferstandnen Nachbarn stöhnen
Und flüstern oder zittern jene nie.
Den Frühling, den die Siegeskränze krönen,
    Gemahnen an den Winter sie.

Und läßt der Wald sein letztes Blatt verwehen,
Der auf das Frühjahr, das Erwachen harrt,
Dann bleiben sie, Künftiges schreckend, stehen
    In kühler Schönheit, wie erstarrt.

Над озером лебедь в тростник протянул,
  В воде опрокинулся лес,
Зубцами вершин он в заре потонул,
  Меж двух изгибаясь небес.

И воздухом чистым усталая грудь
  Дышала отрадно. Легли
Вечерние тени. – Вечерний мой путь
  Краснел меж деревьев вдали.

А мы – мы на лодке сидели вдвоем,
  Я смело налег на весло,
Ты молча покорным владела рулем,
  Нас в лодке как в люльке несло.

И детская челн направляла рука
  Туда, где, блестя чешуей,
Вдоль сонного озера быстро река
  Бежала как змей золотой.

Уж начали звезды мелькать в небесах …
  Не помню, как бросил весло,
Не помню, что пестрый нашептывал флаг,
  Куда нас потоком несло!

(1854)

EIN SCHWAN ÜBERM WEIHER ZUM BINSENROHR DRANG.
   Der Wald schlug im Wasser um;
Das Dämmer die Zinnen der Wipfel verschlang,
   Zwei Himmel verzerrten sie stumm.

Und lautere Luft trank – es tröstete mich –
   Die Brust, die erschöpfte. Am See
Erloschen die Schatten. Fern rötete sich
   Mein Abendweg in der Allee.

Wir aber – wir saßen im Nachen zu zwein,
   Und kühn ich dem Ruder gebot.
Du führtest das willige Steuer allein;
   Der Wiege gleich trug uns das Boot.

Die kindliche Hand lenkte dorthin den Kahn,
   Wo längs des Weihers, der schlief,
Als Goldschuppenschlange die glänzende Bahn
   Der Fluß zog so rasch und so tief.

Schon leuchteten Sterne … Schon weiß ich nicht mehr,
   Wann warf ich die Ruder vom Bug?
Was raunte die Fahne? Ich weiß ja nicht mehr,
   Wohin die Strömung uns trug.

Забудь меня, безумец исступленный,
　　Покоя не губи.
Я создана душой твоей влюбленной,
　　Ты призрак не люби!

О, верь и знай, мечтатель малодушный,
　　Что, мучась и стеня,
Чем ближе ты к мечте своей воздушной,
　　Тем дальше от меня.

Так над водой младенец, восхищенный
　　Луной, подъемлет крик;
Он бросился – и с влаги возмущенной
　　Исчез сребристый лик.

Дитя, отри заплаканное око,
　　Не доверяй мечтам.
Луна плывет и светится высоко,
　　Она не здесь, а там.

1855

У камина

Тускнеют угли. В полумраке
Прозрачный вьется огонек.
Так плещет на багряном маке
Крылом лазурным мотылек.

Видений пестрых вереница
Влечет, усталый теша взгляд,
И неразгаданные лица
Из пепла серого глядят.

Встает ласкательно и дружно
Былое счастье и печаль,
И лжет душа, что ей не нужно
Всего, чего глубоко жаль.

1856

42

VERGISS MICH, DU BESINNUNGSLOSER TOR,
  Zerstör den Frieden nicht!
Nur deine Liebe brachte mich hervor,
  Lieb doch kein Truggesicht!

Kleinmüt'ger Träumer, der du bangst und stöhnst
  In Selbstqual, glaube mir:
Je näher du dem luftigen Traum dich wähnst,
  Je ferner bin ich dir.

So schreit am See ein Jüngling auf, betört
  Von Lunas Silberlicht;
Er stürzt hinab – von seiner Hand zerstört,
  Erlosch ihr Angesicht.

Kind, schenke Träumen kein Gehör hinfort,
  Trockne die Tränen dir!
Hoch droben schwimmt und leuchtet Luna, dort
  Ist auch ihr Reich, nicht hier.

Am Kamin

Die Glut erlischt. Schon halb im Dunkel
Sieht man ein dünnes Flämmchen lohn.
So schlägt mit den lasurnen Flügeln
Ein Falter auf dem Purpurmohn.

Verwirrend bunte Wesen treiben,
Den müden Blick sie lockend narrn;
Gesichter, die ein Rätsel bleiben,
Fremd aus der grauen Asche starrn.

Vergangnes Glück, vergangne Trauer
Vereint und zärtlich wiederkehrt,
Die Seele lügt, daß ihr nichts gölte,
Was sie am schmerzlichsten entbehrt.

Певице

Уноси мое сердце в звенящую даль,
    Где как месяц за рощей печаль;
В этих звуках на жаркие слезы твои
    Кротко светит улыбка любви.

О дитя! как легко средь незримых зыбей
    Доверяться мне песне твоей:
Выше, выше плыву серебристым путем,
    Будто шаткая тень за крылом.

Вдалеке замирает твой голос, горя,
    Словно за морем ночью заря, –
И откуда-то вдруг, я понять не могу,
    Грянет звонкий прилив жемчугу.

Уноси ж мое сердце в звенящую даль,
    Где кротка, как улыбка, печаль,
И всё выше помчусь серебристым путем
    Я, как шаткая тень за крылом.

(1857)

Einer Sängerin

Trag mein Herz in die tönende Ferne fort,
  Wie der Mond hinterm Hain glänzt die Traurigkeit dort;
Aus den Klängen das Lächeln der Liebe scheint
  Auf die heißen Tränen, die du geweint.

O wie leicht, wie unmerklichem Wellengang,
  So vertrau ich mich an, Kind! deinem Gesang:
Hoch und höher mich Schwimmer die Silberbahn hebt
  Wie den Schatten, der hinter dem Flügel bebt.

In der Ferne, ach, deine Stimme verloht
  Wie bei Nacht hinterm Meer das Abendrot, –
Jäh von irgendwoher – wie steh ich verwirrt –,
  Schwillt die tönende Flut, die zur Perle wird.

Trag mein Herz doch in tönende Fernen fort,
  Wie ein Lächeln sanft ist die Traurigkeit dort,
Immer höher mein Sinn auf der Silberbahn strebt
  Wie der Schatten, der hinter dem Flügel bebt.

Еще майская ночь

Какая ночь! На всем какая нега!
Благодарю, родной полночный край!
Из царства льдов, из царства вьюг и снега
Как свеж и чист твой вылетает май!

Какая ночь! Все звезды до единой
Тепло и кротко в душу смотрят вновь,
И в воздухе за песнью соловьиной
Разносится тревога и любовь.

Березы ждут. Их лист полупрозрачный
Застенчиво манит и тешит взор.
Они дрожат. Так деве новобрачной
И радостен и чужд ее убор.

Нет, никогда нежней и бестелесней
Твой лик, о ночь, не мог меня томить!
Опять к тебе иду с невольной песней,
Невольной – и последней, может быть.

(1857)

Noch eine Mainacht

Welch eine Nacht! So zärtlich ohnegleichen!
Hab Dank, nördliches, heimatliches Land!
Auf Flügeln aus den Eis- und Schneesturmreichen
Hast du den Mai uns jung und rein gesandt!

Welch eine Nacht! Die Sterne wenden wieder
Zur Seele warm und innig ihren Blick;
Die Luft erfüllen, wartend auf die Lieder
Der Nachtigall, Unruhe, Liebe, Glück.

Die Birken harrn. Ihr Blatt, von Licht durchschienen,
Lockt schüchtern, lockt das Auge, macht es reich.
Sie zittern – neuvermählte Mädchen; ihnen
Sind Schmuck und Brautkleid froh und fremd zugleich.

Dein Blick, o Nacht – er schmerzte und ergötzte –,
Lag nie so leicht, so zärtlich nie auf mir!
Mit einem Lied – vielleicht ist es das letzte! –
Geh ich, und werd es kaum gewahr, zu dir.

О НЕТ, НЕ СТАНУ ЗВАТЬ УТРАЧЕННУЮ РАДОСТЬ,
Напрасно горячить скудеющую кровь;
Не стану кликать вновь забывчивую младость
И спутницу ее безумную любовь.

Без ропота иду навстречу вечной власти,
Молитву затвердя горячую одну:
Пусть тот осенний ветр мои погасит страсти,
Что каждый день с чела роняет седину.

Пускай с души больной, борьбою утомленной,
Без грохота спадет тоскливой жизни цепь,
И пусть очнусь вдали, где к речке безыменной
От голубых холмов бежит немая степь,

Где с дикой яблонью убором спорит слива,
Где тучка чуть ползет, воздушна и светла,
Где дремлет над водой поникнувшая ива
И вечером, жужжа, к улью́ летит пчела.

Быть может – вечно вдаль с надеждой смотрят очи! –
Там ждет меня друзей лелеющий союз,
С сердцами чистыми, как месяц полуночи,
С душою чуткою, как песни вещих муз.

Там наконец я всё, чего душа алкала,
Ждала, надеялась, на склоне лет найду
И с лона тихого земного идеала
На лоно вечности с улыбкой перейду.

(1857)

O NEIN, VERLORNE FREUDE WERD ICH NICHT
                                    BESCHWÖREN,
Entflammen nicht umsonst das kalt gewordne Blut;
Die wirre Jugend ruf ich nicht umsonst, betören
Wird mich die Liebe nicht, die mit ihr geht voll Übermut.

Klaglos will ich der ewigen Macht entgegenblicken,
Und immer wieder bete heiß ich dies Gebet:
Der Herbstwind soll der Leidenschaften Glut ersticken,
Der täglich graues Haar von meinem Scheitel weht.

Oh, möge ohne Lärm die Kette trüben Lebens sinken,
Die an der kranken, kampfgeschwächten Seele hängt,
Mög ich erwachen dort, wo stumm von blauen Brinken
Die Steppe hin zum namenlosen Flüßchen drängt,

Die Zwetschge eifert mit dem Apfel ums Geschmeide,
Wo hell und leicht sich droben eine Wolke wiegt,
Wo schlummernd sich zum Wasserspiegel neigt die Weide,
Abends zum Bienenkorb die Biene summend fliegt.

Mag sein – die Augen hoffen immer in die Ferne! –
Und dort erwartet mich der Freunde froher Kreis
Mit lautrem Herzen wie zur Halbnacht Mond und Sterne
Und wie der Musen Lieder seelenzart und leis.

Dort werd ich alles, was ich je begehrte, sehen,
Was dürstend ich ersehnt, erhofft – spät ist die Zeit,
Werd aus dem Schoß des stillen Erdenwunschbilds gehen
Lächelnd hinüber in den Schoß der Ewigkeit.

НА СТОГЕ СЕНА НОЧЬЮ ЮЖНОЙ
Лицом ко тверди я лежал,
И хор светил, живой и дружный,
Кругом раскинувшись, дрожал.

Земля, как смутный сон немая,
Безвестно уносилась прочь,
И я, как первый житель рая,
Один в лицо увидел ночь.

Я ль несся к бездне полуночной,
Иль сонмы звезд ко мне неслись?
Казалось, будто в длани мощной
Над этой бездной я повис.

И с замираньем и смятеньем
Я взором мерил глубину,
В которой с каждым я мгновеньем
Всё невозвратнее тону.

(1857)

MILD VON DES SÜDENS NACHT UMGEBEN,
Lag ich im Heufeim, sah empor,
Einträchtig bebte und voll Leben,
Sich breitend rings, der Sterne Chor.

Stumm wie ein Dämmertraum entschwebte
Die Erde, ich bemerkt es nicht;
Und wie der erste, der in Eden lebte,
Sah ich die Nacht von Angesicht.

Trugs mich zum Abgrund, mitternächtlich,
Neigten zu mir die Sterne sich?
Hielt eine Hand, so stark, so mächtig,
Nicht über diesen Abgrund mich?

Entsetzt, als wenn ich jäh ertrinke:
Die Tiefe lotete mein Blick,
In die ich sinke, sinke, sinke,
Und nichts, nichts führt mich je zurück.

Рассталисъ мы, ты странствуешь далече,
  Но нам дано опять
В таинственной и ежечасной встрече
  Друг друга понимать.

Когда в толпе живой и своевольной,
  Поникнув головой,
Смолкаешь ты с улыбкою невольной, –
  Я говорю с тобой.

И вечером, когда в аллее темной
  Ты пьешь немую ночь,
Знай, тополи и звезды негой томной
  Мне вызвались помочь.

Когда ты спишь, и полог твой кисейный
  Раздвинется в лучах,
И сон тебя прозрачный, тиховейный
  Уносит на крылах,

А ты, летя в эфир неизмеримый,
  Лепечешь: «Я люблю», –
Я – этот сон, – и я рукой незримой
  Твой полог шевелю.

1857

WIR TRENNTEN UNS; FERN VON MIR MUSST DU GEHEN,
  Doch bleibt die Hoffnung hier:
Wenn in Gedanken wir uns stündlich sehen,
  Verstehn einander wir.

Wenn in der unbeständigen, bewegten Menge
  Du senkst das Angesicht,
Und, unwillkürlich lächelnd, wirst du schweigen:
  Ich bins, der zu dir spricht.

Trinkst in Alleen, abends in der Ferne
  Die Finsternächte du,
So wisse: Pappeln, traumhaft zarte Sterne
  Sagten mir Hilfe zu.

Und wenn du schläfst, und wenn der feingewebte
  Bettvorhang sich bewegt,
Wenn dich ein klarer Traum, der leise bebte,
  Auf Flügeln von dir trägt:

Wird sich dein Flug ins Unermeßne wenden,
  Raunst du: „Ich liebe", – dann
Bin ich dein Traum; mit unsichtbaren Händen
  Rühr ich den Vorhang an.

ЛЕСОМ МЫ ШЛИ ПО ТРОПИНКЕ ЕДИНСТВЕННОЙ
  В поздний и сумрачный час.
Я посмотрел: запад с дрожью таинственной
                Гас.

Что-то хотелось сказать на прощание, –
  Сердца не понял никто;
Что же сказать про его обмирание?
                Что?

Думы ли реют тревожно-несвязные,
  Плачет ли сердце в груди, –
Скоро повысыплют звезды алмазные,
                Жди!

(1858)

ПО ВЕТВИ НИЖНИЕ ЛЕСА
В зеленой потонули ржи.
Семьею новой в небеса
Ныряют резвые стрижи.

Сильней и слаще с каждым днем
Несется запах медовой
Вдоль нив, лоснящихся кругом
Светло-зеленою волной.

И негой истомленных птиц
Смолкают песни по кустам,
И всеобъемлющих зарниц
Мелькают лики по ночам.

1859

Spät war und dämmrig die Stunde. Wir gingen
  Einsam im Wald, und ich sah:
Licht losch im Westen mit zitternden Schwingen.
            Ah!

Blieb nicht ein Wort, drauf der Abschied noch harrte?
  Keiner das Herz doch verstand;
Ob es denn keiner, nun da es erstarrte,
            Fand?

Weben Gedanken, unruhig-verschwommen,
  Still weint die Seele sich aus, –
Rasch sind die Sterne, die hellen, gekommen,
            Harr aus!

Am Wald liess Roggen, hoch und grün,
Die niedern Zweige unter sich.
Hoch in den Himmeln tummeln kühn
Die jung gepaarten Schwalben sich.

Wilder und süßer Tag um Tag
Der starke Duft des Honigs zieht
Entlang der Flur, die Schlag an Schlag
Als helle grüne Welle flieht.

Erschöpft von Glück und Zärtlichkeit
Verstummt es rings, kein Vogel singt,
Und durch die Nächte, himmelweit,
Ein Wetterleuchten funkelnd blinkt.

Георгины

Вчера – уж солнце рдело низко –
Средь георгин я шел твоих,
И как живая одалиска
Стояла каждая из них.

Как много пылких или томных,
С наклоном бархатных ресниц,
Веселых, грустных и нескромных
Отвсюду улыбалось лиц!

Казалось, нет конца их грезам
На мягком лоне тишины, –
А нынче утренним морозом
Они стоят опалены.

Но прежним тайным обаяньем
От них повеяло опять,
И над безмолвным увяданьем
Мне как-то совестно роптать.

(1859)

Georginen

Ich ging in deinen Georginen
Gestern, als rot die Sonne schwand,
Und üppig jegliche von ihnen
Wie eine Odaliske stand.

Wie viele feurige Gesichter,
Geneigt die samtnen Wimpern stumm,
Erschöpfte, traurige und frohe
Und stolze lächelten ringsum!

Es war, als wollt ihr Trug nie enden
Tief in der Stille weichem Schoß, –
Und heut nach morgendlichen Frösten
Stehn sie gebräunt und anmutslos.

Doch Schönheit, Zauber, Reiz entstehen
Nun rätselvoll aus ihnen neu,
Und mit dem schweigenden Vergehen
Zu grolln, verwehrt mir eine Scheu.

ЯРКИМ СОЛНЦЕМ В ЛЕСУ ПЛАМЕНЕЕТ КОСТЕР,
    И, сжимаясь, трещит можжевельник;
Точно пьяных гигантов столпившийся хор,
    Раскрасневшись, шатается ельник.

Я и думать забыл про холодную ночь, —
    До костей и до сердца прогрело;
Что смущало, колеблясь умчалося прочь,
    Будто искры в дыму улетело.

Пусть на зорьке, всё ниже спускаясь, дымок
    Над золою замрет сиротливо;
Долго-долго, до поздней поры огонек
    Будет теплиться скупо, лениво.

И лениво и скупо мерцающий день
    Ничего не укажет в тумане;
У холодной золы изогнувшийся пень
    Прочернеет один на поляне.

Но нахмурится ночь – разгорится костер,
    И, виясь, затрещит можжевельник,
И, как пьяных гигантов столпившийся хор,
    Покраснев, зашатается ельник.

(1859)

WIE DIE SONNE STEIGT LEUCHTEND EIN FEUER EMPOR,
Knackt Wacholder und krümmt sich zusammen;
Wie von trunknen Giganten ein drängender Chor
Tanzen Tannen und spiegeln die Flammen.

Und ich dachte nicht mehr an die Kälte der Nacht, –
Bis ans Herz war die Wärme gestiegen;
Wankend eilte hinweg, was uns unruhig macht,
So wie Funken im Rauchdunst verfliegen.

Läßt der Rauch auch am Morgen, wenn tiefer er sinkt,
Auf der Asche vereinsamt sein Leben:
Lang noch, lang wird das Feuer, so matt es auch blinkt,
Träg und geizig sein Flämmchen uns geben.

Und so geizig wie träg läßt der flimmernde Schein,
Wenn es tagt, nichts als Nebel uns sehen;
Auf der Lichtung wird neben der Asche allein
Ein verkohlender Baumstumpf noch stehen.

Doch aus finsterer Nacht faucht ein Feuer empor,
Knisternd krümmt sich Wacholder zusammen;
Wie von trunknen Giganten ein drängender Chor
Tanzen Tannen und spiegeln die Flammen.

Зреет рожь над жаркой нивой,
И от нивы и до нивы
Гонит ветер прихотливый
Золотые переливы.

Робко месяц смотрит в очи,
Изумлен, что день не минул,
Но широко в область ночи
День объятия раскинул.

Над безбрежной жатвой хлеба
Меж заката и востока
Лишь на миг смежает небо
Огнедышащее око.

1859

Я ждал. Невестою-царицей
Опять на землю ты сошла.
И утро блещет багряницей,
И всё ты воздаешь сторицей,
Что осень скудная взяла.

Ты пронеслась, ты победила,
О тайнах шепчет божество,
Цветет недавняя могила,
И бессознательная сила
Свое ликует торжество.

(1860)

Roggen reift, die Fluren gluten,
Und der Wind jagt launisch wild
Güldnes Flirren, goldnes Fluten
Über Felder und Gefild.

Mond schaut uns ins Auge, staunend,
Daß der Tag noch nicht vollbracht,
Doch der breitet die Umarmung
Tiefer in das Reich der Nacht.

Unermeßne Ernte! zwischen
Abendrot und Morgenschein
Schließt der Himmel flüchtig seine
Augen, die sonst Feuer spein.

Ich harrte. Als Prinzessin-Braut
Stiegst du erneut zur Erde nieder.
Der Morgen leuchtet purpurn wider,
Und hundertfältig schenkst du wieder,
Was uns der karge Herbst geraubt.

Du siegtest, flohst mit raschem Flügel,
Geheimes raunt die Gottheit sacht,
Es grünt der frische Gräberhügel,
Von ihrem Sieg jauchzt ungezügelt
Eine besinnungslose Macht.

Месяц зеркальный плывет по лазурной пустыне,
Травы степные унизаны влагой вечерней,
Речи отрывистей, сердце опять суеверней,
Длинные тени вдали потонули в ложбине.

В этой ночи, как в желаниях, всё беспредельно,
Крылья растут у каких-то воздушных стремлений,
Взял бы тебя и помчался бы так же бесцельно,
Свет унося, покидая неверные тени.

Можно ли, друг мой, томиться в тяжелой кручине?
Как не забыть, хоть на время, язвительных терний?
Травы степные сверкают росою вечерней,
Месяц зеркальный бежит по лазурной пустыне.

1863

ÜBER LASURENE WÜSTEN SCHWEBT MOND WIE EIN
                                    SPIEGEL,
Abendlich feucht schon das Gras der Steppe sich neigt,
Lange Schatten versanken im Tal hinterm Hügel;
Abergläubisch das Herz; das Gespräch fast schon schweigt.

O diese Nacht! Sie scheint wie ein Wunsch ohne Grenzen.
Wachsen nicht Flügel voll Sehnsucht, die Luft zu
                                    umfassen?
So nähm ich dich und trüg ziellos von dannen ein
                                    Glänzen,
Könnte die untreuen Schatten für immer verlassen.

Duld ich, mein Freund, stets, daß lastender Kummer mich
                                    zügel'?
Kann es denn sein, daß der Schmerz scharfer Dornen nie
                                    schweigt?
Über lasurene Wüsten flieht Mond wie ein Spiegel,
Feucht von Tau schon das Gras der Steppe sich neigt.

В пене несется поток,
Ладью обгоняют буруны,
  Кормчий глядит на восток
И будит дрожащие струны.

  В бурю челнок полетел,
Пусть кормчий погибнет в ней шумно,
  Сердце, могучий, он пел –
То сердце, что любит безумно.

  Много промчалось веков,
Сменяя знамена и власти,
  Много сковали оков
Вседневные мелкие страсти.

  Вынырнул снова поток.
Струею серебряной мчало
  Только лавровый венок,
Да мчало ее покрывало.

(1866)

После бури

Пронеслась гроза седая,
Разлетевшись по лазури.
Только дышит зыбь морская,
Не опомнится от бури.

Спит, кидаясь, челн убогой,
Как больной от страшной мысли,
Лишь забытые тревогой
Складки паруса обвисли.

Освеженный лес прибрежный
Весь в росе, не шелохнется. –
Час спасенья, яркий, нежный,
Словно плачет и смеется.

1870

HELL SCHÄUMT DER FLUSS UNTERM SPRIET,
Doch schneller die Schaumwogen gleiten,
  Ostwärts der Steuermann sieht
Und weckt die zitternden Saiten.

  Sturm bald die Barke umsprang,
Und sollt, der sie führt, versinken:
  Machtvoll das Herz er besang,
Das Herz, das besinnungslos liebte.

  Seither verflog Zeit um Zeit,
Es wechselten Fahnen und Stätten,
  Ems'ge Alltäglichkeit
Schuf kleinliche Leidenschaftsketten.

  Jäh brach mit silbernem Glanz
Erneut dieser Fluß aus den Quellen:
  Nur des Sängers Lorbeerkranz
Und ihr Schleier trieb auf den Wellen.

Nach dem Sturm

Greise Wolken sind verflogen
Über dem lasurnen Joch.
Und es kräuseln sich die Wogen
Sturmmatt an den Ufern noch.

Wie ein Kranker, angstbesessen,
Wankt im Traum der lecke Kahn,
Faltig hängt, vom Sturm vergessen,
Nur ein Segel von den Rahn.

Uferwald, frisch bis zum Grunde,
Steht im Tau und regt sich nicht. –
's ist, als wenn die Rettungsstunde
Weint und jubelt, zart und licht.

Alter ego

Как лилея глядится в нагорный ручей,
Ты стояла над первою песней моей,
И была ли при этом победа, и чья, –
У ручья ль от цветка, у цветка ль от ручья?

Ты душою младенческой всё поняла,
Что́ мне высказать тайная сила дала,
И хоть жизнь без тебя суждено мне влачить,
Но мы вместе с тобой, нас нельзя разлучить.

Та трава, что вдали на могиле твоей,
Здесь на сердце, чем старе оно, тем свежей,
И я знаю, взглянувши на звезды порой,
Что взирали на них мы как боги с тобой.

У любви есть слова, те слова не умрут.
Нас с тобой ожидает особенный суд;
Он сумеет нас сразу в толпе различить,
И мы вместе придем, нас нельзя разлучить!

1878

НЕ ТОЛКУЙ ОБ ОБЕЗЬЯНЕ,
Что людей родила,
Не толкуй мне о Татьяне, –
Так она постыла.

Water closet, closet water …
Рассуждая прямо,
Mater alma, alma mater –
Всё гнилая яма.

В ней, покуда чин стяжаешь,
Изумя Европу,
Рожу калом измараешь,
А не то что …

1879

Alter ego

Wie im Bergbach die Lilie ihr Antlitz sich zeigt,
Hast du über mein erstes Gedicht dich geneigt,
Und war einer dort Sieger, wer siegte dann, sag,
Ob die Blume dem Bach, ob er ihr unterlag?

Deine jung-junge Seele hat alles gehört,
Was geheime Gewalt mir zu sagen gewährt,
Ist auch mit dir zu leben auf ewig verwehrt,
Sind wir beide doch eins, es gibt nichts, was uns trennt.

Und das Gras, das dort wächst, wo dein Grabhügel ist,
Blüht im Herzen hier frischer, je älter es ist,
Und ich weiß, seh zuweilen die Sterne ich stehn,
Daß wir beide auf sie einst wie Götter gesehn.

Denn die Liebe hat Worte, die sterben ja nicht,
Und uns beide erwartet ein eignes Gericht,
Das uns jäh aus der Menge erwählt und erkennt,
Und wir kommen zu zweit, es gibt nichts, was uns trennt.

SPRICH ALS VON DER MENSCHHEIT VATER
Mir vom Affen nie,
Und erzähl nichts von Tatjana*, –
Widerlich ist sie.

Water closet, closet water …
Ists in Wahrheit doch,
Mater alma, alma mater –
Nur ein Jauchenloch.

Drin – willst du nach Würden gieren,
Daß Europa gafft –
Wirst du nur mit Kot beschmieren
Deine Fratze. Oder was …

* Gestalt aus Puschkins „Eugen Onegin“.

Ничтожество

Тебя не знаю я. Болезненные крики
На рубеже твоем рождала грудь моя,
И были для меня мучительны и дики
Условья первые земного бытия.

Сквозь слез младенческих обманчивой улыбкой
Надежда озарить сумела мне чело,
И вот всю жизнь с тех пор ошибка за ошибкой,
Я всё ищу добра – и нахожу лишь зло.

И дни сменяются утратой и заботой
(Не всё ль равно: один иль много этих дней!),
Хочу тебя забыть над тяжкою работой,
Но миг – и ты в глазах с бездонностью своей.

Что ж ты? Зачем? – Молчат и чувства и познанье.
Чей глаз хоть заглянул на роковое дно?
Ты – это ведь я сам. Ты только отрицанье
Всего, что чувствовать, что мне узнать дано.

Что ж я узнал? Пора узнать, что в мирозданьи,
Куда ни обратись, – вопрос, а не ответ;
А я дышу, живу и понял, что в незнаньи
Одно прискорбное, но страшного в нем нет.

А между тем, когда б в смятении великом
Срываясь, силой я хоть детской обладал,
Я встретил бы твой край тем самым резким криком,
С каким я некогда твой берег покидал.

1880

Nichtsein

Nichts weiß ich über dich, kann nur die Schreie kennen,
Die schmerzhaft meine Brust an deinem Rand gebar.
Sie quälten mich so sehr, und ach, ihr wildes Brennen
Nahm ich als ersten Zug des Erdendaseins wahr.

Die Hoffnung weckte, lächelnd durch die Kindertränen,
Ein Licht auf meiner Stirn. Betrog sie mich?
Falsch war und aberfalsch seither mein Tun und Wähnen,
Das Gute such ich stets – das Böse finde ich.

Und in Verlust und Sorge wandeln sich die Tage
(Ein Tag wiegt so wie vieler solcher Tage Lauf!),
Vergessen will ich dich in schwerer Arbeit Plage:
Ein Lidschlag – und dein Abgrund tut sich wieder auf.

Weder Gefühl noch Wissen deuten die Erscheinung:
Was bist du und warum? Wer sah das Schicksal an?
Du – das bin einzig ich. Du bist nur die Verneinung
Von allem, was ich fühlen und erkennen kann.

Was habe ich erkannt? Zeit ist es zu entdecken:
Nur Fragen stellt das All, schenkt Antwort nicht noch Sinn;
Ich atme, lebe, sah: Unwissen kann nicht schrecken,
Nichts Furchtbares, nur eine Trauer liegt darin.

Und kommt der Tag, da Hoffnung mich und Mut verließen,
Und stürzt ich: wär mir noch des Kindes Kraft verliehn,
Ich würd dein Land mit jenem scharfen Schrei begrüßen,
Mit dem, dein Ufer fliehend, ich dereinst geschrien.

Романс

Злая песнь! Как больно возмутила
Ты дыханьем душу мне до дна!
До зари в груди дрожала, ныла
Эта песня – эта песнь одна.

И поющим отдаваться мукам
Было слаще обаянья сна;
Умереть хотелось с каждым звуком,
Сердцу грудь казалася тесна.

Но с зарей потухнул жар напевный
И душа затихнула до дна.
В озаренной глубине душевной
Лишь улыбка уст твоих видна.

(1882)

Одна звезда меж всеми дышит
  И так дрожит,
Она лучом алмазным пышет
  И говорит:

Не суждено с тобой нам дружно
  Носить оков,
Не ищем мы и нам не нужно
  Ни клятв, ни слов.

Не нам восторги и печали,
  Любовь моя!
Но мы во взорах разгадали,
  Кто ты, кто я.

Чем мы горим, светить готово
  Во тьме ночей;
И счастья ищем мы земного
  Не у людей.

(1882)

Romanze

Böses Lied! In meine Seele dringend,
Hat dein Atem schmerzlich sie durchglüht.
Bis zur Morgenröte in mir schwingend,
Quälte, schmerzte einzig mich dies Lied.

An der Klänge Qual sich zu verlieren –
Süßer wars, als es ein Traum gewährt;
Eng ward mir die Brust, den Tod zu spüren
Habe ich mit jedem Ton begehrt.

Mit der Morgenröte schwand die Glut der Töne,
Wurde still die Seele bis zum Grund.
Sichtbar in der hellen Seelentiefe
Blieb dein Lächeln, blieb allein dein Mund.

FERN UNTER STERNEN BEBT EIN STERN
    Und atmet licht,
Im Strahl aus diamantnem Kern
    Glüht er und spricht:

Nicht Freundschaftsfesseln wies uns zwein
    Das Schicksal zu,
Nicht Schwüre, nicht der Worte Schein
    Such ich, suchst du.

Entzücken nicht noch Leid uns hier
    Beschieden ist.
Im Blick jedoch erkannten wir,
    Wer ich bin, wer du bist.

Was in uns leuchtet, zeigt dem Blick
    Nur nachts sein Licht.
Wir beide suchen Erdenglück
    Bei Menschen nicht.

Ласточки

Природы праздный соглядатай,
Люблю, забывши всё кругом,
Следить за ласточкой стрельчатой
Над вечереющим прудом.

Вот понеслась и зачертила –
И страшно, чтобы гладь стекла
Стихией чуждой не схватила
Молниевидного крыла.

И снова то же дерзновенье
И та же темная струя, –
Не таково ли вдохновенье
И человеческого *я*?

Не так ли я, сосуд скудельный,
Дерзаю на запретный путь,
Стихии чуждой, запредельной,
Стремясь хоть каплю зачерпнуть?

(1884)

Schwalben

Beim müßigen Natur-Ausspähen
Lieb ich, wenn ich, was mich umgibt,
Vergaß, der Schwalbe Pfeil zu sehen
Am Teich, den schon der Abend trübt.

Emporgestiegen, zog sie Ringe:
Furcht, daß das Glas des Spiegels jetzt
Die einem Blitz verwandte Schwinge,
Ihr wesensfremd, faßt und verletzt.

Ist diese Kühnheit, dieses Zeichen
Des dunklen Strahls, der sich erhebt,
Nicht der Begeistrung zu vergleichen,
Wie sie im Selbst des Menschen lebt?

Und streb ich, ein Geschöpf der Erde,
Nicht auf verbotnen Wegen nur,
Daß mir zuteil *ein* Tropfen werde
Der fremden, jenseit'gen Natur.

Смерти

Я в жизни обмирал и чувство это знаю,
Где мукам всем конец и сладок томный хмель;
Вот почему я вас без страха ожидаю,
Ночь безрассветная и вечная постель!

Пусть головы моей рука твоя коснется
И ты сотрешь меня со списка бытия,
Но пред моим судом, покуда сердце бьется,
Мы силы равные, и торжествую я.

Еще ты каждый миг моей покорна воле,
Ты тень у ног моих, безличный призрак ты;
Покуда я дышу – ты мысль моя, не боле,
Игрушка шаткая тоскующей мечты.

(1884)

Романс

Угадал – и я взволнован,
Ты вошла – и я смущен,
Говоришь – я очарован.
Ты ли, я ли, или сон?

Тонкий запах, шелест платья, –
В голове и свет и мгла.
Глаз не смею приподнять я,
Чтобы в них ты не прочла.

Лжет лицо, а речь двояко;
Или мальчик я какой?
Боже, боже, как, однако,
Мне завиден жребий мой!

1885

An den Tod

Oft fühlt ich schon, da ich im Leben längst erstarrte,
Das Ende aller Qual, den Rausch, so süß und matt;
Wohl deshalb ists, daß ich euch ohne Furcht erwarte,
Nacht ohne Morgendämmer, ewige Lagerstatt.

Was tuts, ob deine Hand mein Haupt berühre,
Was, tilgst du von des Lebens Tafel mich:
Gleich stark sind wir, solang mein Herz ich spüre,
Bis mich das Urteil auslöscht, juble ich.

Mein Wille herrscht, noch kannst du dich ihm nicht
                                                entziehen,
Mein Schatten bist du, Trugbild ohne Angesicht;
Solang ich atme, hat dir erst mein Denken Sein verliehen,
Du bist ein Spielzeug meines Sehnsuchtstraums – mehr
                                                nicht.

Romanze

Ich begriff – und war wie trunken,
Bin verwirrt – du bist im Raum,
Sprichst du – bin ich glückversunken.
Sind wirs, ist es nur ein Traum?

Kleider rascheln, Düfte schweben, –
Licht und Nebel mich durchfließt.
Wag die Augen nicht zu heben,
Daß du nicht in ihnen liest.

Lügenmiene, Doppelrede;
Gelt ich dir als Knabe bloß?
Dennoch, dennoch, Gott, wie lieb ich
Mein beneidenswertes Los!

В ВЕЧЕР ТАКОЙ ЗОЛОТИСТЫЙ И ЯСНЫЙ,
В этом дыханьи весны всепобедной
Не поминай мне, о друг мой прекрасный,
Ты о любви нашей робкой и бедной.

Дышит земля всем своим ароматом,
Небу разверстая, только вздыхает;
Самое небо с нетленным закатом
В тихом заливе себя повторяет.

Что же тут мы или счастие наше?
Как и помыслить о нем не стыдиться?
В блеске, какого нет шире и краше,
Нужно безумствовать – или смириться!

1886

Горная высь

Превыше туч, покинув горы
И наступя на темный лес,
Ты за собою смертных взоры
Зовешь на синеву небес.

Снегов серебряных порфира
Не хочет праха прикрывать;
Твоя судьба – на гранях мира
Не снисходить, а возвышать.

Не тронет вздох тебя бессильный,
Не омрачит земли тоска;
У ног твоих, как дым кадильный,
Вияся, тают облака.

1886

KLAR IST DER ABEND UND GOLDEN SEIN LICHT,
Allherrscher Frühling umatmet ihn warm:
Reizende Freundin, ach, mahn mich heut nicht
An unsre Liebe, so schüchtern und arm.

Reich spendet Erde den atmenden Duft,
Läßt, selbst nur seufzend, das All davon trinken;
Sich wiederholend in schweigender Bucht,
Will der unsterbliche Himmel versinken.

Was sind schon wir, was ist hier unser Glück?
Weckt es nicht Scham, es auch nur zu bedenken?
In diesem Glanz, der sich öffnet dem Blick,
Bleibt nur der Wahn – oder sich zu verschenken.

Berghöhe

Die Wipfel mit dem Fuß berührend,
Läßt Berg und Wolke du zurück,
Das Maß der Sterblichen nicht spürend,
Ziehst du zum Himmel ihren Blick.

Das Purpurkleid verschneiter Höhen
Die Asche nicht verborgen hält.
Zu steigen bist du ausersehen,
Zu stürzen nicht – am Rand der Welt.

Dich rührt kein Stöhnen, grambeladen,
Dich schmerzt nicht, was die Erde litt.
Als flöhn, sich kräuselnd, Weihrauchschwaden,
Löst sich Gewölk vor deinem Schritt.

В СТЕПНОЙ ГЛУШИ, НАД ВЛАГОЙ МОЛЧАЛИВОЙ,
Где круглые раскинулись листы,
Любуюсь я давно, пловец пугливый,
На яркие плавучие цветы.

Они манят и свежестью пугают.
Когда к звездам их взорами прильну,
Кто скажет мне: какую измеряют
Подводные их корни глубину?

О, не гляди так мягко и приветно!
Я так боюсь забыться как-нибудь.
Твоей души мне глубина заветна:
В свою судьбу боюсь я заглянуть.

(1887)

ОДНИМ ТОЛЧКОМ СОГНАТЬ ЛАДЬЮ ЖИВУЮ
С наглаженных отливами песков,
Одной волной подняться в жизнь иную,
Учуять ветр с цветущих берегов,

Тоскливый сон прервать единым звуком,
Упиться вдруг неведомым, родным,
Дать жизни вздох, дать сладость тайным мукам,
Чужое вмиг почувствовать своим,

Шепнуть о том, пред чем язык немеет,
Усилить бой бестрепетных сердец –
Вот чем певец лишь избранный владеет,
Вот в чем его и признак и венец!

1887

Tief in der Steppe überm Grund, dem feuchten:
Dort liegen runde Blätter ausgestreut;
Schwimmender Blüten frisches, helles Leuchten
Mich scheuen Schiffer lange schon erfreut.

Sie leuchten, wecken Furcht durch ihre Frische.
Wenn sich mein Blick an ihre Sterne schmiegt,
Sagt mir dann einer, welche Wassertiefe
Dort zwischen Wurzelgrund und Blüte liegt?

Laß ab! Ich muß mir selbst verlorengehen,
Heißt so willkommen mich dein sanfter Blick.
Ich kann in deinen Seelengrund nicht sehen:
Mich schreckt zu schaun ins eigene Geschick.

Mit einem Stoss das flinke Boot zu heben
Aus dem durch die Gezeiten blanken Sand,
Mit einer Welle in ein andres Leben
Zu ziehn, den Wind zu spürn vom Blütenstrand,

Den Schwermutstraum mit einem Klang zu enden,
Berauscht Befremdendes als Freund zu sehn,
Dem Leben Seufzer, Qualen Süße spenden,
Das Fremde jäh als Eignes zu verstehn,

Zu flüstern das, vor dem die Zungen schweigen,
Der kühnen Herzen Kraft und Mut zu sein –
Dies Mal ist dem erwählten Sänger eigen,
Und dieser Kranz gebührt nur ihm allein.

Всё, всё мое, что есть и прежде было,
В мечтах и снах нет времени оков;
Блаженных грез душа не поделила:
Нет старческих и юношеских снов.

За рубежом вседневного удела
Хотя на миг отрадно и светло;
Пока душа кипит в горниле тела,
Она летит, куда несет крыло.

Не говори о счастье, о свободе
Там, где царит железная судьба.
Сюда! сюда! не рабство здесь природе –
Она сама здесь верная раба.

1887

Прости! во мгле воспоминанья
Всё вечер помню я один, –
Тебя одну среди молчанья
И твой пылающий камин.

Глядя в огонь, я забывался,
Волшебный круг меня томил,
И чем-то горьким отзывался
Избыток счастия и сил.

Что за раздумие у цели?
Куда безумство завлекло?
В какие дебри и метели
Я уносил твое тепло?

Где ты? Ужель, ошеломленный,
Кругом не видя ничего,
Застывший, вьюгой убеленный,
Стучусь у сердца твоего? …

1888

Was ist, ist mein, mein ist, was einst gewesen,
Die Kette Zeit liegt nicht auf Schlaf und Traum;
Die Seele scheidet nicht der Träume Wesen,
Kennt keinen Jugend-, keinen Alterstraum.

Und jenseits des Geschicks von Immertagen
Ist einen Lidschlag Trost und Licht gewährt:
Die Seele fliegt, wohin die Flügel tragen,
Solang sie sieden muß im Körperherd.

Dort, wo uns ehern leiten, Los und Pflicht,
Sprich nicht von Glück, sprich nicht von Freiheit mir.
Komm her! Hier knechtet die Natur uns nicht –
Sie selbst ist eine treue Sklavin hier.

Die Nebel der Erinnrung geben
Ein Bild nur meinen Blicken frei:
Du – einsam, eingehüllt von Schweigen
Am lodernden Kamin ... Verzeih!

Ich schaute in die Flammen nieder,
Vergaß mich durch des Zaubers Zwang,
Und etwas Bittres hallte wider
Aus meines Glückes Überschwang.

Muß Zweifel denn am Ziel sich türmen?
Wohin entführte Wahnwitz mich?
Und welcher Wildnis, welchen Stürmen
Aus Eis gab deine Wärme ich?

Wo bist du? Wag ich, nichts mehr sehend,
Vor mir und vor Erschüttrung stumm,
Erstarrt und weiß im Schneesturm stehend,
Dein Herz zu fragen wiederum? ...

Еще люблю, еще томлюсь
Перед всемирной красотою
И ни за что не отрекусь
От ласк, ниспосланных тобою.

Покуда на груди земной
Хотя с трудом дышать я буду,
Весь трепет жизни молодой
Мне будет внятен отовсюду.

Покорны солнечным лучам,
Так сходят корни в глубь могилы
И там у смерти ищут силы
Бежать навстречу вешним дням.

1890

На кресле отвалясь, гляжу на потолок,
    Где, на задор воображенью,
Над лампой тихою подвешенный кружок
    Вертится призрачною тенью.

Зари осенней след в мерцаньи этом есть:
    Над кровлей, кажется, и садом,
Не в силах улететь и не решаясь сесть,
    Грачи кружатся темным стадом …

Нет, то не крыльев шум, то кони у крыльца!
    Я слышу трепетные руки …
Как бледность холодна прекрасного лица!
    Как шепот горестен разлуки! …

Молчу, потерянный, на дальний путь глядя
    Из-за темнеющего сада, –
И кружится еще, приюта не найдя,
    Грачей встревоженное стадо.

1890

NOCH LIEBE, NOCH BEGEHRE ICH
Die Schönheit, die die Welt umspannt,
Um keinen Preis entsage ich
Der Zärtlichkeit, von dir gesandt.

Solang mich an der Erde Brust,
Seis mühsam auch, mein Atem hält,
Wird jedes Beben mir bewußt
Des jungen Lebens auf der Welt.

Hinab so in des Grabes Haft,
Der Sonne treu, die Wurzeln gehn
Und suchen dort beim Tode Kraft,
Um neu im Frühjahr aufzustehn.

IM SESSEL LEHNEND, SEHE ICH, DEN BLICK ERHOBEN, –
    Wie rasch ein Trug, ein Traum entsteht! –
Wie sich der Kreis dort an der stillen Lampe droben
    Als geisterhafter Schatten dreht.

Herbstlichem Dämmerrot gleicht dieses Flimmern, Gleißen:
    Und überm Garten, überm Dach
Saatkrähen als ein dunkler Schwarm, so scheint es, kreisen,
    Zum Fortflug und zum Ruhn zu schwach.

Kein Flügellärm, nein, vor der Tür die Rosse!
    Zitternde Hände ich jetzt hör …
Wie kalt, ach, ist des wundervollen Antlitz Blässe,
    Des Abschieds Flüstern, ach, wie schwer! …

Wie hinterm dunklen Garten fern der Weg erblindet,
    Nehm stumm ich, ein Verlorner, wahr, –
Noch kreist und kreist und kreist, die keine Zuflucht
                                            findet,
    Der Krähen unruhvolle Schar.

Месяц и Роза

Он

Встал я рано над горой,
Чтоб расцвет увидеть твой,
И гляжу с мольбой всю ночь.
Ты молчишь, не гонишь прочь,
Но навстречу мне твой куст
Не вскрывает алых уст.

Она

Не сравнится вздох ничей
С чистотой твоих лучей,
Но не им будить меня:
Жду лобзаний жарких дня,
Жду венчанного царя;
Для него таит заря
Благовонные красы
Под алмазами росы.

1891

Mond und Rose

Er

Früh stieg überm Berg ich auf,
Um zu sehn: So blühst du auf,
Schau die ganze Nacht auf dich.
Und du schweigst und duldest mich,
Doch entgegen meinem Licht
Blühn die Purpurlippen nicht.

Sie

Wie dein Strahl, so leicht, so rein,
Kann kein Hauch, kein Seufzer sein.
Doch er weckt mich nicht: Ich muß
Harrn auf heißer Tage Kuß,
Auf den Zarn im Krönungskranz;
Nur für ihn birgt Morgenglanz
Duft und Schönheit, unerkannt,
Unterm Tau aus Diamant.

За горами, песками, морями –
Вечный край благовонных цветов,
Где, овеяны яркими снами,
Дремлют розы, не зная снегов.

Но красы истомленной молчанье
Там на всё налагает печать,
И палящего солнца лобзанье
Призывает не петь, а дышать.

Восприяв опьянения долю
Задремавших лесов и полей,
Где же вырваться птичке на волю
С затаенною песнью своей?

И сюда я, где сумрак короче,
Где заря любит зóрю будить,
В холодок вашей северной ночи
Прилетаю и петь и любить.

1891

Роящимся мечтам лететь дав волю
    К твоим стопам,
Тебя никак смущать я не дозволю
    Любви словам.

Я знаю, мы из разных поколений
    С тобой пришли,
Несходных слов и розных откровений
    Мы принесли.

Перед тобой во храмине сердечной
    Я затворюсь
И юности ласкающей и вечной
    В ней помолюсь.

1891

HINTER BERGEN UND DÜNEN UND WOGEN
Liegt der Blumen ewiges Land,
Wo, von farbhellen Träumen umflogen,
Schlummern Rosen, die Schnee nie gekannt.

Doch ein Siegel liegt stumm auf den Dingen
Durch die Schönheit, die matt werden muß,
Nur zum Atmen zwingt dort, nicht zum Singen,
Zwingt der Glutsonne flammender Kuß.

Wenn in Schlaf und in Trunkenheit liegen
Er die Felder und Wälder dort sieht:
Soll der Vogel zur Freiheit noch fliegen,
In der Kehle das würgende Lied?

Wo die Morgen ins Abendfeld dringen,
Wo die Dämmerung flüchtig nur wacht:
Zu euch flieg ich, zu lieben, zu singen,
In die Kühle der nördlichen Nacht.

ICH SANDTE, DASS SIE FOLGEN DEINER FÄHRTE,
    Die Träume fort;
Daß es durch Liebe dich verwirr, gewährte
    Ich keinem Wort.

Verschiednen Lebensaltern, Lebensorten
    Entstammen wir.
Kein Steg von gleichen Einsichten und Worten
    Führt mich zu dir.

Im Herzenstempel, fern von deinen Blicken,
    Schließ ich mich ein:
Die Jugend bet ich an, und mein Entzücken
    Wird sie stets sein.

Кактус

Рассказ

Несмотря на ясный июльский день и сенной запах со скошенного луга, я, принимая хинин, боялся обедать в цветнике под елками, – и накрыли в столовой. Кроме трех человек небольшой семьи, за столом сидел молодой мой приятель Иванов, страстный любитель цветов и растений, да очень молодая гостья.

Еще утром, проходя через биллиардную, я заметил, что единственный бутон белого кактуса (cactus grandiflora), цветущего раз в год, готовится к расцвету.

– Сегодня в шесть часов вечера, – сказал я домашним, – наш кактус начнет распускаться. Если мы хотим наблюдать за его расцветом, кончающимся увяданием пополуночи, то надо его снести в столовую.

При конце обеда часы стали звонко выбивать шесть, и, словно вторя дрожанию колокольчика, золотистые концы наружных лепестков бутона начали тоже вздрагивать, привлекая наше внимание.

– Как вы хорошо сделали, – умеряя свой голос, словно боясь запугать распускающийся цветок, сказал Иванов, – что послушались меня и убрали бедного индийца подальше от рук садовника. Он бы и его залил, как залил его старого отца. Он не может помириться с мыслию, чтобы растение могло жить без усердной поливки.

Пока пили кофе, золотистые лепестки настолько раздвинулись, что позволили видеть посреди своего венца нижние края белоснежной туники, словно сотканной руками фей для своей царицы.

– Верно, он вполне распустится еще не скоро? – спросила молодая девушка, не обращаясь ни к кому особенно с вопросом.

Der Kaktus

Eine Erzählung

Trotz des klaren Junitages und des Heudufts von der abge-
mähten Wiese her hatte ich, da ich Chinin einnahm, Beden-
ken, das Mahl im Blumengarten unter den Fichten einzu-
nehmen, und so war im Speisezimmer gedeckt worden. Bei
Tisch saßen außer den drei zur kleinen Familie zählenden
Personen mein junger Freund Iwanow, ein leidenschaftli-
cher Liebhaber von Blumen und anderen Gewächsen, und
als Gast des Hauses eine sehr junge Dame.

Noch am Morgen, als ich durch das Billardzimmer ging,
hatte ich bemerkt, daß die einzige Knospe unseres Kaktus,
der einmal im Jahr blühenden Königin der Nacht (cactus
grandiflora), sich in Kürze entfalten wollte.

„Heute abend um sechs Uhr", sprach ich in die Runde,
„wird unser Kaktus zu blühen beginnen. Wenn wir die
Blüte verfolgen wollen, die mit Beginn des Welkens um
Mitternacht zu Ende sein wird, sollten wir ihn ins Speise-
zimmer herübertragen."

Als die Mahlzeit vorüber war, begann die Uhr mit hellem
Ton sechs zu schlagen, und wie um das Schwingen des
Glöckchens zu untermalen, fingen die goldschimmernden
Enden der äußeren Knospenblätter gleichfalls an sich zu
rühren und zogen unsere Aufmerksamkeit auf sich.

„Wie gut Sie daran taten", sprach Iwanow mit gesenkter
Stimme, als fürchtete er, die sich entfaltende Blüte zu ver-
schrecken, „daß Sie auf mich hörten und den armen India-
ner vor den Händen des Gärtners in Sicherheit brachten. Er
hätte ihn genauso unter Wasser gesetzt wie dessen alten
Vater. Er kann sich nicht mit der Vorstellung abfinden, daß
eine Pflanze auch ohne eifriges Gießen zu leben ver-
mochte."

Während wir den Kaffee tranken, öffneten sich die golde-
nen Blätter so weit, daß sie im Inneren ihres Kranzes die
Schöße einer schneeweißen Tunika erkennen ließen, welche
aussah, als hätten Feenhände sie für die Königin gewebt.

„Bis zur vollen Blüte ist noch ein Weilchen Zeit, nicht
wahr?" wollte das Mädchen wissen, ohne jemanden mit ih-
rer Frage direkt anzusprechen.

– Да, пожалуй, не раньше как к семи часам, – ответил я.

– Значит, я успею еще побренчать на фортепьяно, – прибавила девушка и ушла в гостиную к роялю.

– Хоть и близкое к закату, солнце все-таки мешает цветку, – заметил Иванов. – Позвольте, я ему помогу, – прибавил он, – задвигая белую занавеску окна, у которого стоял цветок.

Скоро раздались цыганские мелодии, которых власть надо мною всесильна. Внимание всех было обращено на кактус. Его золотистые лепестки, вздрагивая то там, то сям, начинали принимать вид лучей, в центре которых белая туника все шире раздвигала свои складки. В комнате послышался запах ванили. Кактус завладевал нашим вниманием, словно вынуждая нас участвовать в своем безмолвном торжестве; а цыганские песни капризными вздохами врывались в нашу тишину.

Боже! думалось мне, какая томительная жажда беззаветной преданности, беспредельной ласки слышится в этих тоскующих напевах. Тоска вообще чувство мучительное; почему же именно эта тоска дышит таким счастием? Эти звуки не приносят ни представлений, ни понятий; на их трепетных крыльях несутся живые идеи. И что, по правде, дают нам наши представления и понятия? Одну враждебную погоню за неуловимою истиной. Разве самое твердое астрономическое понятие о неизменности лунного диаметра может заставить меня не видать, что луна разрослась на востоке? Разве философия, убеждая меня, что мир только зло или только добро, или ни то, ни другое, властна заставить меня не содрогаться от прикосновения безвредного, но гадкого насекомого или пресмыкающегося, или не слыхать этих зовущих звуков и этого нежного аромата? Кто жаждет истины, ищи ее у художников. Поэт говорит:

„Ja, es wird wohl bis gegen sieben dauern", erwiderte ich.

„Dann kann ich ja noch ein bißchen Klavier spielen", versetzte sie und ging zum Flügel ins Gästezimmer hinüber.

„Zwar steht die Sonne schon recht tief, dennoch stört sie die Blüte", bemerkte Iwanow. „Gestatten Sie, daß ich ihr zu Hilfe komme" – und er zog den weißen Vorhang vor das Fenster, an dem die Pflanze stand.

Kurz darauf erklangen Zigeunermelodien, die auf mich stets eine gewaltige Macht ausüben. Die Aufmerksamkeit aller war auf den Kaktus gerichtet. Seine goldglänzenden Blütenblätter, die sich bald auf der einen, bald auf der anderen Seite streckten, wirkten mehr und mehr wie Strahlen, in deren Mitte die weiße Tunika immer üppigere Falten warf. Ins Zimmer trat ein vernehmlicher Duft von Vanille. Der Kaktus schlug uns in Bann und schien uns zwingen zu wollen, an seinem stummen Fest teilzuhaben; die Zigeunerlieder aber mit ihrem ungebärdigen Schluchzen brachen heftig in unsere Stille ein.

Gott! ging es mir durch den Sinn, welch quälendes Verlangen nach rückhaltloser Hingabe, grenzenloser Zärtlichkeit tönt aus diesen wehmütigen Weisen. Wehmut ist doch eigentlich ein schmerzliches Gefühl; wie kommt es, daß die Wehmut hier von solchem Glück durchdrungen scheint? Diese Klänge liefern weder Vorstellungen noch Begriffe; auf ihren bebenden Schwingen kommen lebendige Ideen einher. Was auch haben uns, sagen wir es ehrlich, unsere Vorstellungen und Begriffe zu bieten? Nichts als die feindselige Hatz auf eine Wahrheit, die nicht zu greifen ist. Kann denn eine noch so gesicherte astronomische Kenntnis von der Unveränderlichkeit des Monddurchmessers mich davon abbringen zu sehen, daß der Mond im Osten an Größe zugenommen hat? Soll eine Philosophie, die mir einreden will, daß die Welt nur böse oder nur gut ist oder das eine sowenig wie das andere, soll sie imstande sein zu verhindern, daß die Berührung eines harmlosen, doch ekelerregenden Insekts oder Kriechtiers mich schaudern macht oder daß diese lockenden Töne und dieses zarte Aroma zu mir vordringen? Wer die Wahrheit begehrt, suche sie bei den Künstlern. Nehmen wir den Dichter:

> Благоговея богомольно
> Перед святыней красоты.

Другой высказывает то же словами:

> Не кончив молитвы,
> На звук тот отвечу
> И брошусь из битвы
> Ему я навстречу.

Этому, по крайней мере, верили в сороковых годах. Эти верования были общим достоянием. Поэт тогда не мог говорить другого, и цыгане не могли идти тем путем, на который сошли теперь. И они верили в красоту и потому ее и знали. Но ведь красота-то вечна. Чувство ее – наше прирожденное качество.

Цыганские напевы смолкли, и крышка рояля тихонько стукнула.

– Софья Петровна, – позвал Иванов молодую девушку, – вы кончили как раз вовремя. Кактус в своем апофеозе. Идите, это вы не скоро увидите.

Девушка подошла и стала рядом с Ивановым, присевшим против кактуса на стул, чтобы лучше разглядеть красоту цветка.

– Посмотрите, какая роскошь тканей! Какая девственная чистота и свежесть! А эти тычинки? Это папское кропило, концы которого напоены золотым раствором. Теперь загляните туда, в глубину таинственного фиала. Глаз не различает конца этого не то светло-голубого, не то светло-зеленого грота. Ведь это волшебный водяной грот острова Капри. Поневоле веришь средневековым феям. Эта волшебная пещера создана для них!

– Очень похоже на подсолнух, – сказала девушка и отошла к нашему столу.

... gebannt, in Andacht neigend
Das Haupt, Verehrung fromm bezeugend
Der reinsten Schönheit Heiligtum.*

Und ein anderer sagt von des Dichters Wort:

Muß Antwort ihm geben,
Das Beten verkürzen,
Aus Donner und Beben
Entgegen ihm stürzen.**

Zumindest hat man in den vierziger Jahren an solches geglaubt. Diese Art Glauben war Allgemeingut. Der Dichter konnte zu jener Zeit gar nicht anders reden, und auch die Zigeuner hätten damals nicht den Weg gehen können, auf welchen sie nunmehr geraten sind. Und sie glaubten an die Schönheit, und darum kannten sie sie. Doch die Schönheit, die ist ja ewig. Das Gefühl für sie ist uns angeboren.
Die Zigeunermelodien verklangen, und der Deckel des Flügels schlug leise zu.
„Sofija Petrowna", rief Iwanow das junge Fräulein heran. „Sie haben ihr Spiel just zur rechten Zeit beendet. Der Kaktus hat seinen herrlichsten Augenblick. Kommen Sie, das sehen Sie so bald nicht wieder."
Das Mädchen kam und stellte sich neben Iwanow, der direkt vor dem Kaktus auf seinem Stuhl saß, um die Schönheit der Blüte besser ins Auge fassen zu können.
„Schauen Sie nur, welch prächtiges Gewebe! Welch jungfräuliche Reinheit und Frische! Und diese Staubfäden? Der päpstliche Weihwasserwedel, die Spitzen mit Goldwasser benetzt. Und nun schauen Sie einmal dahinein, in die Tiefe der geheimnisvollen Phiale. Man kann den Boden dieser hellblauen Grotte – oder ist sie hellgrün? – nicht ausmachen. Natürlich, es ist ja die magische blaue Grotte von Capri. Unwillkürlich glaubst du an mittelalterliche Feen. Diese Zauberhöhle ist für sie geschaffen!"
„Einer Sonnenblume sehr ähnlich", sprach das Fräulein und kam zum Tisch herüber.

* Aus Puschkins Gedicht „Die Schöne" (Nachdichtung Friedrich Fiedler).
** Aus Lermontows Gedicht „Worte, die nichtig" (Nachdichtung Annemarie Bostroem).

– Что вы говорите, Софья Петровна! – с ужасом воскликнул Иванов, – в чем же вы находите сходство? Разве в том только, что и то и другое растение, да что и то и другое окаймлено желтыми лепестками. Но и между последними кричащее несходство. У подсолнуха они короткие, эллиптические и мягкие, а здесь, видите ли, какая лучистая звезда, словно кованная из золота. Да сам-то цветок? Ведь это храм любви!

– А что такое, по-вашему, любовь? – спросила девушка.

– Понимаю, – ответил Иванов. – Я видел на вашем столике философские книжки или, по крайней мере, желающие быть такими. И вот вы меня экзаменуете. Не стесняясь никакими в мире книжками, скажу вам: любовь – это самый непроизвольный, а потому самый искренний и обширный диапазон жизненных сил индивидуума, начиная от вас и до этого прелестного кактуса, который теперь в этом диапазоне.

– Говорите определеннее, я вас не понимаю.

– Не капризничайте. Что сказал бы ваш учитель музыки, услыхав эти слова? Вы, может быть, хотите сказать, что мое определение говорит о качествах вещи, а не об ее существе. Но я не мастер на определения и знаю, что они бывают двух родов: отрицательные, которые, собственно, ничего не говорят, и положительные, но до того общие, что если и говорят что-либо, так совершенно неинтересное. Позвольте же мне на этот раз остаться при своем, хотя и одностороннем, зато высказывающем мое мнение …

– Ведь вы хотите, – прервала девушка, – объяснить мне, что такое любовь, и приводите музыкальный термин, не имеющий, по-моему, ничего общего с объясняемым предметом.

Я не выдержал.

– Позвольте мне, – сказал я, – вступиться за своего приятеля. Напрасно вы проводите такую резкую черту между чувством любви и чувством эстетическим, хотя бы музыкальным. Если искусство вообще недалеко от любви (эроса), то музыка, как самое между искусствами

„Was sagen Sie da, Sofija Petrowna!" rief Iwanow entgeistert. „Wo sehen Sie denn eine Ähnlichkeit? Doch allenfalls darin, daß beide pflanzlicher Natur sind und, nun ja, beide von gelben Blütenblättern umkränzt. Und selbst da sticht der Unterschied ins Auge. Die Sonnenblume hat kurze, elliptische, weiche Blütenblätter, hier hingegen, sehen Sie, welch ein Strahlenstern, schier aus Gold geschmiedet. Und erst die Blüte? Ein Tempel der Liebe!"

„Und was ist Liebe, Ihrer Meinung nach?" fragte das Fräulein.

„Aha, verstehe", erwiderte Iwanow. „Ich sah auf Ihrem Nachttisch philosophische Bücher liegen, das heißt, zumindest wollen sie das sein. Und nun nehmen Sie mich ins Examen. Aber ich sage es Ihnen und geniere mich vor keinem Buch der Welt: Die Liebe ist das am wenigsten bewußte und daher innigste und umfänglichste Register der Lebenskräfte eines Individuums – bei Ihnen genauso wie bei diesem prächtigen Kaktus, welcher sich soeben in diesem Register befindet."

„Sprechen Sie klarer, ich verstehe Sie nicht."

„Zieren Sie sich doch nicht. Was würde Ihr Musiklehrer sagen, hörte er diese Worte? Sie wollen vielleicht sagen, meine Definition spricht von Eigenschaften der Sache und nicht von ihrem Wesen. Doch ich bin kein Meister von Definitionen und weiß, daß es zweierlei Arten davon gibt: die verneinenden, welche im Grunde gar nichts sagen, und die, welche billigen, aber so allgemein ausfallen, daß sie, wenn überhaupt, nur etwas völlig Belangloses sagen. Gestatten Sie mir also für dieses Mal, bei dem zu bleiben, was vielleicht einseitig, aber nichtsdestoweniger meine Meinung ist …"

„Sie wollen mir erklären, was Liebe ist", unterbrach ihn das Mädchen, „und gebrauchen einen musikalischen Terminus, der, soweit ich sehe, nicht das geringste mit dem besagten Gegenstand zu tun hat."

Ich konnte nicht länger an mich halten.

„Erlauben Sie", sprach ich, „daß ich meinem Freund zu Hilfe komme. Sie scheiden das Gefühl der Liebe ganz unnötigerweise so schroff von einem ästhetisch gegründeten Gefühl wie zum Beispiel dem musikalischen. Die Kunst im allgemeinen steht der Liebe (dem Eros) recht nahe, die Mu-

непосредственное, к ней всех ближе. Я бы мог привести собственный пример. Сейчас, когда вы наигрывали мои любимые цыганские напевы, я под двойным влиянием музыки и цветка, взалкавшего любви, унесся в свою юность, во дни поэзии и любви. Но чтоб еще нагляднее оправдать слова моего приятеля, я готов рассказать небольшой эпизод, если у вас хватит терпения меня выслушать.

– Хватит, хватит. Сделайте милость, расскажите, – торопливо проговорила девушка, присаживаясь к столу со своим вязаньем.

Ровно двадцать пять лет тому назад я служил в гвардии и проживал в отпуску в Москве, на Басманной. В Москве встретился я со старым товарищем и однокашником Аполлоном Григорьевым. Никто не мог знать Григорьева ближе, чем я, знавший его чуть не с отрочества. Это была природа в высшей степени талантливая, искренно преданная тому, что в данную минуту он считал истиной, и художественно-чуткая. Но, к сожалению, он не был, по выражению Дюма-сына, из числа людей *знающих* (des hommes qui savent) в нравственном смысле. Вечно в поисках нового во всем, он постоянно менял убеждения. Это они называют развитием, забывая слово Соломона, что это уже было прежде нас. По крайней мере, он был настолько умен, что не сетовал на то, что ни на каком поприще не мог пустить корней, и говаривал, что ему не суждено *просперировать*. В означенный период он был славянофилом и носил не существующий в народе кучерской костюм. Несмотря на палящий зной, он чуть не ежедневно являлся ко мне на Басманную из своего отцовского дома на Полянке. Это огромное расстояние он неизменно проходил пешком и вдобавок с гитарой в руках. Смолоду он учился музыке у Фильда и хорошо играл на фортепиано, но, став

sik aber, als die unmittelbarste von allen Künsten, ist ihr näher als jede andere. Lassen Sie mich ein ganz persönliches Beispiel anführen. Jetzt, da Sie eben die von mir so geliebten Zigeunerweisen spielten, stehe ich unter dem zwiefachen Eindruck der Musik und der nach Liebe lechzenden Blüte, und das versetzt mich in meine Jugend, in Tage voller Poesie und Liebe. Doch um die Worte meines Freundes noch anschaulicher zu unterstützen, würde ich Ihnen gern eine kleine Episode zum besten geben, falls Sie die Geduld haben, mich anzuhören."

„Aber ja doch, natürlich. Seien Sie so nett und erzählen Sie", drängte das Mädchen und nahm mit ihrem Strickzeug am Tisch Platz.

Es ist genau fünfundzwanzig Jahre her, daß ich als Gardeoffizier in Moskau, in der Basmannaja-Straße, meinen Urlaub verbrachte. In Moskau traf ich auch mit meinem alten Freund und Schulkameraden Apollon Grigorjew zusammen. Keiner mochte Grigorjew besser kennen als ich, der ich ihn beinahe von Kind auf kannte. Er war ein außerordentlich talentierter Mensch, aufrichtig der Sache ergeben, die er jeweils gerade zur Wahrheit erkoren hatte, und zudem eine sensible Künstlernatur. Leider jedoch zählte er, um es mit Dumas d. J. zu sagen, nicht zu den im moralischen Sinn *wissenden* Menschen (des hommes qui savent). Immer und überall auf der Suche nach Neuem, wechselte er ständig die Überzeugungen. Man nennt das Entwicklung und vergißt dabei das Wort des Salomo, demzufolge alles schon einmal da war. Immerhin war er klug genug, nicht zu beklagen, daß er in keinem Gefilde Wurzeln schlagen konnte – zu *prosperieren* sei ihm nicht gegeben, pflegte er zu sagen. In dem Zeitraum, von dem hier die Rede ist, empfand er slawophile und trug eine Kutschertracht, die im gemeinen Volk gar nicht üblich war. Trotz der sengenden Hitze machte er sich fast täglich von seinem väterlichen Haus in der Poljanka auf den Weg zu mir in die Basmannaja. Diese beträchtliche Entfernung legte er regelmäßig zu Fuß zurück, noch dazu mit der Gitarre im Arm. Schon als Knabe hatte er bei Field* Musik zu studieren begonnen und

* Berühmter englischer Pianist jener Zeit, der lange in Rußland lebte.

страстным цыганистом, променял рояль на гитару, под которую слабым и дрожащим голосом пел цыганские песни. К вечернему чаю ко мне нередко собирались два-три приятеля-энтузиаста, и у нас завязывалась оживленная беседа. Входил Аполлон с гитарой и садился за нескончаемый самовар. Несмотря на бедный голосок, он доставлял искренностию и мастерством своего пения действительное наслаждение. Он, собственно, не пел, а как бы пунктиром обозначал музыкальный контур пьесы.

– Спойте, Аполлон Александрович, что-нибудь.

– Спой, в самом деле. – И он не заставлял себя упрашивать.

Певал он по целым вечерам, время от времени освежаясь новым стаканом чаю, а затем, нередко около полуночи, уносил домой пешком свою гитару. Репертуар его был разнообразен, но любимою его песней была венгерка, перемежавшаяся припевом:

Чибиряк, чибиряк, чибиряшечка,
С голубыми ты глазами, моя душечка!

Понятно, почему эта песня пришлась ему по душе, в которой набегавшее скептическое веяние не могло загасить пламенной любви красоты и правды. В этой венгерке сквозь комически-плясовую форму прорывался тоскливый разгул погибшего счастья. Особенно оттенял он куплет:

Под горой-то ольха,
На горе-то вишня,
Любил барин цыганочку –
Она замуж вышла.

Однажды вечером, сидя у меня один за чайным столом, он пустился в эстетические тонкости вообще и в похвалы цыган в особенности.

– Да, – сказал я. – Цыганской песни никто не споет, как они.

spielte recht ordentlich Klavier, doch als ihn die Leidenschaft für die Zigeuner ergriffen hatte, tauschte er den Flügel gegen die Gitarre ein, zu der er mit dünner und zitternder Stimme Zigeunerlieder sang. Zum abendlichen Tee kamen des öfteren zwei, drei Freunde zu mir ins Haus, enthusiastische Liebhaber der Zigeunermusik, und es entspann sich eine angeregte Unterhaltung. Dann trat Apollon mit seiner Gitarre ein und setzte sich zum Samowar, welcher nie leer wurde. Trotz des dürftigen Stimmchens war uns sein unverstellter und kunstvoller Gesang ein wahrhaftiger Genuß. Eigentlich sang er gar nicht richtig, sondern markierte nur punktweise die musikalischen Umrisse eines Liedes.

„Singen Sie doch etwas, Apollon Alexandrowitsch!"

„Ja wirklich, sing!"

Und er ließ sich nicht lange bitten.

Ganze Abende vergingen über seinem Gesang, ab und zu labte er sich mit einem neuen Glas Tee, bis er zu guter Letzt, nicht selten um Mitternacht, seine Gitarre nach Hause trug. Sein Repertoire war vielfältig, sein Lieblingslied aber die „Ungarin", deren Strophen jeweils in den Refrain fanden:

> Holder, schmucker Prachtkerl du,
> mit deinen blauen Augen, du mein Herzlieb!

Es ist einzusehen, warum dieses Lied seinem Gemüt entsprach, in welchem ein Anflug von Skepsis, wie er letzthin über ihn gekommen war, die leidenschaftliche Anbetung von Schönheit und Wahrheit doch nicht auszulöschen vermochte. Der drollig-tänzerischen Form dieser „Ungarin" entrang sich ein wehmütiger Schwall verflossener Glückseligkeit. Eine Strophe hob er besonders hervor:

> Am Bergesfuß die Erle,
> Die Kirsche auf der Höhe;
> Der Herr liebt' die Zigeunerin –
> Doch die hat sich vermählt.

Eines Abends, wir saßen zu zweien am Tisch beim Tee, erging er sich in ästhetischen Finessen allgemeiner Art und in Lobgesängen auf die Zigeuner im besonderen.

„Ja", meinte ich, „Zigeunerlieder kann keiner so singen wie sie."

– А почему? – подхватил Григорьев. – Они прирожденные, кровные, а не вымуштрованные музыканты. Да и положение их примадонн часто споспешествует делу. Любовь для певца та же музыка. Эх, брат! – вскрикнул он вдруг, вытирая лоб пестрым платком, – надо показать тебе чудо. Ты знаешь, я часто тоскаюсь в Грузины в хор Ивана Васильева. Он мой приятель и отличный человек. Там у них есть цыганочка Стеша. Ты ее не знаешь? Не заметил?

– Где же мне ее было заметить? Я почти нигде не бываю.

– Ну так надо тебе ее увидеть. Во-первых, она – прелесть. Какие глаза и ресницы и, я знаю твою страсть к волосам, какие волосы! Но этого мало. Надо, чтобы ты ее услыхал с глазу на глаз. Бедняжка влюблена в одного гусара. Я его видел. Действительно красавец, каналья. А ты знаешь, как хор ревниво бережет своих примадонн. Тут, брат, идиллиями не возьмешь. Выкупи! – а на это мало охотников. Уж не знаю, как они там путаются. Но, видно, дело не выгорает, а девочка-то врезалась. После обеда хор-то разойдется отдыхать, а она возьмет гитару, да сядет под окошечко, – словно кого поджидает. Запоет, и слезы градом. Тут нередко Иван Васильев подойдет и вполголоса ей вторит. Жалко, что ль, ему ее станет, или уж очень забористо она поет, только, поглядишь, он тут как тут. Вот как бы тебя подвести под эту штуку, ты бы узнал, как поют. Поэзия – да и только! Да вот, чем откладывать, я завтра к тебе приду в двенадцать часов, а в час мы поедем. Ведь ваша братия кавалеристы плохие ходоки.

– Да как же, любезный друг, я-то вотрусь? Ведь она при мне и петь не станет.

„Und warum?" ging Grigorjew dem Gedanken nach. „Sie sind Musikanten von Geburt, die Musik ist ihnen im Blut, nicht etwa anexerziert. Und auch die Situation ihrer Primadonnen kommt der Sache meist entgegen. Liebe ist für einen Sänger dasselbe wie Musik. Ach, Bruder!" stieß er plötzlich hervor und wischte sich die Stirn mit einem bunten Tuch. „Ich sollte dir ein Wunder vorführen. Du weißt ja, es zieht mich oft in die Grusiny* zu Iwan Wassiljews Chor. Er ist mein Freund, ein prachtvoller Mensch. Dort gibt es eine Zigeunerin namens Stescha. Kennst du sie nicht vielleicht? Nie gesehen?"

„Wo hätte ich sie denn sehen sollen? Ich gehe so gut wie nirgendwohin."

„Dann mußt du sie dir unbedingt anschauen. Erstens ist sie eine Augenweide. Diese Augen, diese Wimpern und – ich kenne doch deine Leidenschaft für schönes Haar! – fürwahr, was für Haare sie hat! Doch damit nicht genug. Du mußt sie hören, wenn sie vor dir steht und singt. Das arme Ding ist in einen Husaren verliebt. Ich hab ihn gesehen. Wirklich ein schöner Kerl, eine Kanaille. Und du weißt ja, wie eifersüchtig solch ein Chor seine Primadonnen hütet. Mit Schäferspielen kommst du da nicht weit, mein Lieber. Da heißt es freikaufen! – und das will keiner so gern. Keine Ahnung, wie sie miteinander klarkommen. Jedenfalls scheint die Sache nicht recht voranzugehen, und sie ist so verknallt in ihn. Nach dem Mittag, wenn der Chor Pause hat und auseinanderläuft, nimmt sie die Gitarre und setzt sich ans Fenster – als würde sie jemanden erwarten –, sie fängt zu singen an, und die Tränen kullern nur so. Dann kommt es nicht selten vor, daß Iwan Wassiljew hinzutritt und leise mitsingt. Vielleicht bekommt er Mitleid mit ihr, oder singt sie einfach zu aufreizend, jedenfalls brauchst du nicht lange zu warten, schon ist er da. Glaub mir, wenn ich dir erst mal dieses Prachtstück vorgeführt habe, weißt du, was Singen heißt. Die reine Poesie! Also, wozu es hinausschieben, morgen um zwölf Uhr bin ich bei dir, und um eins fahren wir hin. Eurereins von der Kavallerie ist ja nicht gut zu Fuß, oder?"

„Ja, mein Freund, wie stellst du dir denn vor, daß ich mich

* Moskauer Wohnviertel, wo viele Zigeuner lebten.

– Ну, это я как-нибудь оборудую. Едем, что ль?

– Хорошо, приходи.

На другой день хотел было я велеть запречь свою скромную пролетку, но подумал: Григорьев без гитары не придет. Убеждать его – дело напрасное. А куда я в мундире поеду через всю Москву с каким-то не то кучером, не то торбанистом, что подумает плацадъютант? Я велел нанять извозчичью карету. В двенадцать часов вошел Григорьев с гитарой, в поддевке, в плисовых шароварах в сапоги, словом, во всей форме.

– Что ж это мы в карете? – спросил он.

Я сослался на зубную боль, которою, в добрый час молвить, во всю жизнь не страдал. Однако он догадался, и начались препирания.

Тем не менее мы доехали до Грузин и бросили карету невдалеке от цыган. Григорьев быстро зашагал звонить, а я подоспел вовремя, когда дверь отворили.

В передней уже слышалось бряцание гитары и два голоса.

– Это она, – шепнул Григорьев и вошел в залу. Я за ним.

– Здравствуйте, Стеша! – сказал он, протягивая руку сидящей у окна девушке с гитарой. – Здравствуй, Иван Васильевич! Продолжайте, я вам не помеха.

Но девушка, ответив на его рукопожатие, бросила недоверчивый взгляд в мою сторону и, положа гитару на стол, быстро пошла к двери, ведущей во внутренние покои. Григорьев так же быстро заступил ей дорогу и схватил ее за рукав.

– Куда вы? Что за вздор? Ну, не хотите петь, не пойте. Что ж из себя дикую птицу корчить? Для кого? Иван Васильевич, да уговори ее посидеть с нами! Я пришел ее,

dort einschleiche? In meiner Gegenwart denkt die doch nicht daran zu singen."

„Na, das werd ich schon irgendwie einrichten. Abgemacht?"

„Schön, komm vorbei."

Anderentags wollte ich zuerst meinen kleinen, offenen Einspänner vorfahren lassen, doch dann dachte ich mir: Grigorjew kam gewiß nicht ohne Gitarre. Ihn davon abbringen zu wollen war müßig. Und sollte ich denn in meiner Uniform durch ganz Moskau fahren mit einem, halb Kutscher und halb Minnesänger, was sollte der Platzadjutant denken? Ich ließ eine Kutsche mieten. Um zwölf Uhr trat Grigorjew ein, die Gitarre dabei, im eleganten Cape, Pluderhosen aus Baumwollsamt, die Hosenbeine in den Stiefeln, kurz gesagt – in Schale.

„Wozu denn die Kutsche?" fragte er.

Ich schützte Zahnschmerzen vor, an denen ich – Gott behüte – mein Leben lang nie gelitten habe. Er aber erriet, was los war, und es gab Zank.

Nichtsdestoweniger langten wir in Grusiny an und stiegen unweit des Zigeunerviertels aus. Grigorjew schritt eilig voraus, um zu läuten, und ich schaffte es gerade noch einzutreffen, als die Tür sich öffnete.

Schon vom Flur aus waren Gitarrenklänge und zwei Stimmen zu hören.

„Das ist sie", wisperte Grigorjew und trat in den Salon. Ich folgte nach.

„Ich grüße Sie, Stescha", sagte er und streckte dem Fräulein, das mit der Gitarre am Fenster saß, die Hand entgegen.

„Guten Tag, Iwan Wassiljewitsch! Fahren Sie fort, lassen Sie sich nicht stören von mir."

Doch das Mädchen warf, nachdem sie ihre Hand in die seine gelegt hatte, einen mißtrauischen Blick zu mir herüber, legte die Gitarre auf den Tisch und lief rasch zu der Tür, welche in die weiter hinten liegenden Räumlichkeiten führte. Ebenso hurtig trat Grigorjew ihr in den Weg und ergriff sie beim Ärmel.

„Wo wollen Sie denn hin? Was soll der Unsinn? Wenn Sie nicht singen mögen, lassen Sie es eben. Warum denn gleich das scheue Vögelchen spielen? Iwan Wassiljewitsch, rede ihr doch zu, daß sie sich ein Weilchen zu uns setzt! Da

дорогую, проведать, а она вон. Ну, садитесь, садитесь, моя хорошая, – говорил он, подводя ее на прежнее место. Начался разговор про разные семейные отношения членов хора, в продолжение которого Григорьев, между речами, под сурдинкой наигрывал разные мотивы. В течение всей этой сцены я, чтобы скрыть свое неловкое положение, пристально рассматривал в окно упряжку стоявшего по другую сторону улицы извозчика, словно собирался ее купить.

– Присядьте, – сказал мне подошедший Иван Васильевич.

Я сел.

– Ты об нем не беспокойся, – сказал Григорьев, – он, братец, не по нашей музыкальной части. Его дело лошади. Он, пока мы поболтаем, пусть себе посидит да покурит.

Я махнул отчаянно рукой и снова обернул голову к окну изучать извозчика. Между тем Григорьев, наигрывая все громче и громче, стал подпевать. Мало-помалу сам он входил в пассию, а как дошел до своей любимой:

> Под горой-то ольха,
> На горе-то вишня,
> Любил барин цыганочку –
> Она замуж вышла –

очевидно, забыл и цель нашего посещения и до того загорелся пением, что невольно увлекал и других. Когда он хлестко запел:

> В село красно стегонула,
> Эх – стегонула,
> Моя дорогая –

ему уже вторил бархатный баритон Ивана Васильева. Вскоре, сперва слабо, а затем все смелее, стал проникать в пение серебряный сопрано Стеши.

– Эх, господи! Да что же я тут вам мешаю, – восклик-

komm ich extra her, die teure Freundin besuchen, und sie will auf und davon. Na kommen Sie, meine Liebe, setzen Sie sich", sagte er und führte sie an ihren Platz zurück. Man begann sich nun über diverse Familienangelegenheiten der Chormitglieder zu unterhalten, und dabei ließ Grigorjew, zwischen den Worten und wie beiläufig, auf seiner Gitarre ein paar Motive anklingen. Im Verlauf der ganzen Szene hatte ich, um meine peinliche Lage zu bemänteln, durchs Fenster nach draußen auf das am Straßenrand gegenüber stehende Fuhrgespann gestarrt – so angestrengt, als wollte ich es kaufen.

„Setzen Sie sich doch", sagte Iwan Wassiljewitsch, der zu mir getreten war.

Ich nahm Platz.

„Mach dir um ihn keine Gedanken, Bruderherz", meinte Grigorjew. „Die Musik schlägt nicht in sein Fach. Er hält mehr von Pferden. Soll er da sitzen und rauchen, bis wir mit unserem Schwatz zu Ende sind."

Ich winkte verzweifelt ab, wandte den Kopf erneut zum Fenster und meine Aufmerksamkeit dem Kutscher zu. Inzwischen war Grigorjews Spiel zunehmend lauter geworden, und er begann auch die Stimme zu gebrauchen. Langsam, aber sicher fing er selbst Feuer, und als er bei seiner Lieblingsweise angelangt war –

> Am Bergesfuß die Erle,
> Die Kirsche auf der Höhe;
> Der Herr liebt' die Zigeunerin –
> Doch die hat sich vermählt

– da hatte er das Ziel unseres Besuches offenbar vergessen und steigerte sich so in seinen Gesang hinein, daß er unwillkürlich auch die anderen mit sich riß. Und wie er nun zu schmettern begann:

> An einen schönren Ort lief sie davon,
> Ach, sie lief davon,
> Meine Teure

– erklang in der zweiten Stimme schon der samtweiche Bariton Iwan Wassiljews. Bald darauf, zunächst schwach, dann immer forscher, fiel Steschas silberheller Sopran ein.

„Ach, mein Gott! Wozu komme ich euch hier ins Gehege?"

нул Григорьев. – Мне так не сыграть, а не то чтобы спеть. Голубушка Стеша, спойте что-нибудь, – прибавил он, подавая ей ее гитару.

Она уже без возражений запела, поддерживаемая по временам Иваном Васильевым. Слегка откинув свою оригинальную, детски задумчивую головку на действительно тяжеловесную с отливом воронова крыла косу, она вся унеслась в свои песни. Уверенный, что теперь она не обратит на меня ни малейшего внимания, я придвинул свой стул настолько, что мог видеть ее почти в профиль, тогда как до сих пор мог любоваться только ее затылком. Когда она запела:

> Вспомни, вспомни, мой любезный,
> Нашу прежнюю любовь –

чуть заметная слезинка сверкнула на ее темной реснице. Сколько неги, сколько грусти и красоты было в ее пении! Но вот она взяла несколько аккордов и запела песню, которую я только в первой молодости слыхивал у московских цыган, так как современные петь ее не решались. Песня эта, не выносящая посредственной певицы, известная:

> «Слышишь ли, разумеешь ли …»

Стеша не только запела ее мастерски, но и расположила куплеты так, что только с тех пор самая песня стала для меня понятна, как высокий образчик народной поэзии. Она спела так:

> Ах ты злодей, ты злодей,
> Добрый молодец.
> Во моем ли саду
> Соловей поет,
> Громко свищет.
> Слышишь ли,
> Мой сердечный друг?
> Разумеешь ли
> Жизнь, душа моя?

rief Grigorjew aus. „So gut kann ich nicht spielen – und singen schon gar nicht. Stescha, mein Täubchen, singen Sie was" – und er reichte ihr die Gitarre.

Ohne sich länger zu zieren, fing sie nun zu singen an, von Zeit zu Zeit stimmte Iwan Wassiljew ein. Ihr eigenwilliges, kindlich versonnenes Köpfchen mit dem wahrlich schweren, wie ein Rabenflügel glänzenden Zopf in den Nacken geworfen, versenkte sie sich gänzlich in ihre Lieder. Ich war mir sicher, daß sie jetzt nicht im geringsten mehr auf mich achten würde, und rückte meinen Stuhl so, daß ich sie nun beinahe im Profil vor mir hatte, während ich mich bis dahin nur an ihrem Rücken hatte ergötzen dürfen. Gerade hob sie ein neues Lied an:

> Denke, ach, gedenke, mein Liebster,
> Unserer einstigen Liebe

– und eine Träne, so winzig, daß man sie kaum sah, glänzte auf ihrer dunklen Wimper. Wieviel Schmelz, wieviel Kummer und Schönheit in ihrem Gesang war! Nun aber, da sie ein paar neue Akkorde griff, begann sie ein Lied zu singen, das ich einst in frühester Jugend bei den Moskauer Zigeunern gehört hatte und von da an nicht wieder, denn heutzutage traute es sich keiner von ihnen mehr zu singen. Dieses Lied, welches nicht verträgt, daß sich eine durchschnittliche Sängerin an ihm versucht, ist das berühmte

> Hörst du nicht, kannst du verstehen …

Nicht nur, daß Stescha es meisterlich vortrug, sie reihte die Strophen so, daß ich das Lied erst da richtig begriffen habe, dieses gediegene Stück Volkspoesie. Sie sang so:

> Ach, du Schuft, du
> Guter Bursche.
> Ists in meinem Garten,
> Wo die Nachtigall singt,
> So lauthals schlägt …
> Hörst du nicht,
> Mein Herzensfreund?
> Kannst du verstehen
> Das Leben, mein Herz?

Песня исполнена всевозможных переливов, управляемых минутным вдохновением. Я жадно смотрел на ее лицо, отражавшее всю охватившую ее страсть. При последних стихах слезы градом побежали по ее щеке. Я не выдержал, вскочил со стула, закричал: браво! браво! и в ту же минуту опомнился. Но уже было поздно. Стеша, как испуганная птичка, упорхнула.

– Что же вы на это скажете, скептическая девица? Разве эта Стеша не любила? Разве она могла бы так петь, не любя? Стало быть, любовь и музыка не так далеки друг от друга, как вам угодно было утверждать?

– Да, конечно, в известных случаях.

– О, скептический дух противоречия! Да ведь все на свете, даже химические явления, происходят только в известных случаях. Однако вы пьете вóды и вам надо рано вставать. Не пора ли нам на покой?

Когда стали расходиться, кактус и при лампе все еще сиял во всей красе, распространяя сладостный запах ванили.

Иванов еще раз подсел к нему полюбоваться, надышаться и вдруг, обращаясь ко мне, сказал:

– Знаете, не срезать ли его теперь в этом виде и не поставить ли в воду? Может быть, тогда он проживет до утра?

– Не поможет, – сказал я.

– Ведь все равно ему умирать. Так ли, сяк ли.

– Действительно.

Цветок был срезан и поставлен в стакан с водой. Мы распрощались. Когда утром мы собрались к кофею, на краю стакана лежал бездушный труп вчерашнего красавца кактуса.

(1881)

Das Lied erklang in allen nur denkbaren Modulationen, wie sie ihr die Inspiration des Augenblicks eingab. Begierig schaute ich in ihr Gesicht, in dem sich die ganze Leidenschaft widerspiegelte, von welcher sie nun ergriffen war. Bei den letzten Versen flossen Bäche von Tränen über ihre Wange. Ich ertrug es nicht länger, sprang vom Stuhl hoch, brüllte: Bravo! Bravo! – und kam im selben Moment zur Besinnung. Doch es war bereits zu spät. Stescha, einem erschreckten Vögelchen gleich, war davongeflattert.

„Was sagen Sie nun, mein skeptisches Fräulein? Hat diese Stescha etwa nicht geliebt? Hätte sie so singen können, wenn nicht Liebe in ihr gewesen wäre? Womöglich sind Liebe und Musik doch nicht so weit voneinander entfernt, wie Sie vorzugeben beliebten?"

„Nun ja, freilich, in bestimmten Fällen."

„O skeptischer Geist der Widerrede! Natürlich, alles auf dieser Welt vollzieht sich nur in bestimmten Fällen, chemische Reaktionen eingeschlossen. Aber lassen wir das, Sie sind ja zur Mineralkur hier und müssen früh aufstehen. Ist es nicht Zeit, zur Ruhe zu gehen?"

Während die Runde sich auflöste, strahlte der Kaktus auch beim Lampenschein noch in seiner ganzen Pracht und verströmte süßen Vanilleduft. Noch einmal setzte sich Iwanow vor ihn hin und genoß den Anblick, sog den Duft ein und sagte plötzlich, zu mir gewandt: „Was meinen Sie, sollten wir sie nicht so, wie sie jetzt ist, abschneiden und ins Wasser stellen? Vielleicht wird sie dann bis zum Morgen überleben?"

„Es wird nicht helfen", meinte ich.

„Macht nichts, sterben muß sie doch. So oder so."

„Das ist wahr."

Die Blüte wurde gekappt und in ein Glas mit Wasser gestellt. Dann gingen wir auseinander. Als wir uns am nächsten Morgen zum Kaffee versammelten, lag auf dem Rand des Wasserglases der leblose Leichnam der Königin der vergangenen Nacht.

О поэзии и искусстве*

Масса читающей публики, увеличиваясь с каждым годом в изумительных размерах (на что указывает наше современное книгопечатание), долго еще будет недоверчиво смотреть на статью, во главе которой не развивается основная теория. Долго еще, читая подобную статью, будет она спрашивать: уж не на собственном ли авторитете основывается пишущий и можно ли ему в подобном случае верить? Что касается до меня, то, отсылая неверующих к авторитетам таких поэтов-мыслителей, каковы: Шиллер, Гете и Пушкин, ясно и тонко понимавших значение и сущность своего дела, прибавлю от себя, что вопросы: о правах гражданства поэзии между прочими человеческими деятельностями, о ее нравственном значении, о современности в данную эпоху и т. п. считаю кошмарами, от которых давно и навсегда отделался. Знаю, что если бы, обращаясь к тебе и пародируя возражение Лепида (в «Антонии и Клеопатре» Шекспира), я сказал:

«Не время
Теперь писать стихотворенья»,

ты бы с некоторой терпкостью Энобарба ответил:

«Время
Всегда на то, что происходит в нем».

Итак, оставляя в стороне все подобные вопросы, спросим прямо: что такое поэзия и какое главное качество поэта? и коснемся этого вопроса настолько, насколько уразумение его нам в настоящем случае необходимо.
Поэзия, или вообще художество, есть чистое воспроизведение не предмета, а только одностороннего его идеала; воспроизведение самого предмета было бы не только ненужным, но и невозможным его повторением. У всякого предмета тысячи сторон – и не только

---

* Фрагмент из статьи „О стихотрворениях Ф. Тютчева"

Über Dichtung und Kunst*

Die Masse der Leserschaft, welche mit jedem Jahr in erstaunlichen Umfängen zunimmt (wovon unser gegenwärtiges Buchwesen Zeugnis gibt), wird noch lange einem Aufsatz mit Mißtrauen begegnen, eingangs dessen keine grundlegende Theorie entwickelt wird. Lange noch wird sie sich beim Lesen eines derartigen Artikels fragen: Stützt sich der Schreibende da etwa auf die eigene Autorität, und darf man ihm in solchem Fall Glauben schenken? Was mich betrifft, so will ich die Ungläubigen getrost an Autoritäten von Dichtern und Denkern wie Schiller, Goethe und Puschkin verweisen, die Wesen und Bedeutung ihres Fachs klar und gründlich erfaßt haben, und von mir aus hinzufügen, daß ich Fragen nach den Bürgerrechten der Dichtung unter den sonstigen Menschenverrichtungen, nach ihrem sittlichen Rang, nach der Modernität für die jeweilige Epoche u. dgl. als Alpdrücke sehe, derer ich mich längst und auf alle Zeiten entledigt habe. Denn träte ich vor dich hin und sagte, die Replik des Lepidius (in Shakespeares „Antonius und Cleopatra") parodierend:

's ist nicht die Zeit,
Gedichte zu verfassen

– dann in der Gewißheit, daß du mit einer dem Enobarbus eigenen Spröde antwortetest:

Jegliche Zeit
Paßt wohl für das, was sie zutage bringt.

So lassen wir derlei Fragen samt und sonders beiseite und fragen ohne Umschweife: Was ist Dichtung, und welches ist des Dichters hervorragende Eigenschaft? – und wir wollen diese Frage nur insoweit anschneiden, wie ihre Aufhellung uns im vorliegenden Fall geboten scheint.

Dichtung – oder Kunst im allgemeinen – ist die reine Nachbildung nicht des Gegenstandes, sondern lediglich seines einseitigen Ideals; die Nachbildung des Gegenstandes an sich wäre seine so überflüssige wie eigentlich unmögliche Wiederholung. Jeglicher Gegenstand hat Tausende von

* Aus dem Aufsatz „Über die Gedichte von F. Tjutschew".

одно, данное искусство, с своими строго ограниченными средствами, но и все они в совокупности не в силах воссоздать всего предмета. Какими, например, средствами повторят они его вкус, запах и стихийную жизнь? Но в том-то и дело, что художнику дорога только одна сторона предметов: *их красота*, точно так же, как математику дороги их очертания или численность. Красота разлита по всему мирозданию и, как все дары природы, влияет даже на тех, которые ее не сознают, как воздух питает и того, кто, быть может, и не подозревает его существования. Но для художника недостаточно бессознательно находиться под влиянием красоты или даже млеть в ее лучах. Пока глаз его не видит ее ясных, хотя и тонко звучащих, форм там, где мы ее не видим, или только смутно ощущаем – он еще не поэт. Китайский живописец не видит в природе теней; кто из не посвященных в тайну живописи видит на молодом лице все радужные цвета и их тончайшие соединения? а между тем разве они не существуют и разве Ван-Дик или Рембрандт их не видят?

Итак, поэтическая деятельность, очевидно, слагается из двух элементов: объективного, представляемого миром внешним, и субъективного, зоркости поэта – этого шестого чувства, не зависящего ни от каких других качеств художника. Можно обладать всеми качествами известного поэта и не иметь его зоркости, чутья, а следовательно, и не быть поэтом. Так как мир во всех своих частях равно прекрасен, то внешний, предметный элемент поэтического творчества безразличен. Зато другой, внутренний: степень поэтической зоркости, ясновидения – все. Ты видишь ли или чуешь в мире то, что видели или чуяли в нем Фидий, Шекспир, Бетховен? «Нет.» Ступай! ты не Фидий, не Шекспир, не Бетховен, но благодари бога и за то, если тебе дано хотя восприни-

Seiten, nicht nur die eine; und die eine Kunst mit ihrem streng begrenzten Instrumentarium ist sowenig in der Lage, den ganzen Gegenstand neu zu schaffen, wie die Gesamtheit der Künste es wäre. Mit welchen Mitteln zum Beispiel würden sie seinen Geschmack, seinen Geruch, seine zufälligen Regungen kopieren wollen? Aber gerade darum geht es ja, daß nämlich der Künstler nur eine Seite des Gegenstandes wertschätzt: *seine Schönheit*, genauso wie der Mathematiker seine Umrisse oder zahlenmäßigen Verhältnisse bevorzugt. Schönheit hat der ganze Weltenbau im Überfluß, und wie alle Naturgaben wirkt sie selbst auf jene, die sich ihrer nicht bewußt sind, so wie die Luft auch demjenigen Nahrung ist, der ihre Anwesenheit womöglich nicht vermutet. Für einen Künstler indes langt es nicht zu, sich bewußtlos im Bannkreis der Schönheit aufzuhalten oder gar sich in ihren Strahlen zu sonnen. Solange sein Auge ihre deutlichen, wenn auch nur zart anklingenden Formen nicht wahrnimmt – dort, wo wir sie nicht sehen oder allenfalls vage spüren –, solange ist er noch kein Dichter. Ein chinesischer Maler sieht die Natur ohne Schatten; wer von denen, die nicht in das Geheimnis der Malerei eingeweiht sind, vermag in einem jugendlichen Gesicht alle Farben des Regenbogens wie auch deren höchst feine Verquickungen zu sehen? – so sind sie also gar nicht vorhanden, und auch van Dyck oder Rembrandt können sie unmöglich sehen?

Das dichterische Schaffen setzt sich demnach offenkundig aus zwei Elementen zusammen: einem objektiven, welches durch die Außenwelt gegeben ist, und einem subjektiven, der Hellsicht des Poeten – diesem sechsten Sinn, welcher von keinerlei weiteren Qualitäten des Künstlers abhängig ist. Man kann alle Vorzüge eines großen Dichters auf sich vereint wissen – fehlt es an seiner Hellsicht, seinem Gespür, ist man kein Dichter. Da die Welt in all ihren Teilen gleichermaßen vortrefflich ist, hat das äußere, gegenständliche Element des dichterischen Schaffens nichts zu sagen. Alles hängt ab von dem anderen, inneren: dem Maß an poetischer Hellsicht, dem freien Blick. Siehst oder hörst du in der Welt das, was Phidias, Shakespeare, Beethoven in ihr gesehen oder gehört haben? „Nein." So tritt beiseite! du bist nicht Phidias, nicht Shakespeare, nicht Beethoven – und kannst Gott dankbar sein, wenn es dir immerhin be-

мать красоту, которую они за тебя подслушали и подсмотрели в природе.

Как часто слышится фраза: такой-то поэт богат или беден содержанием, мыслями. Фраза переходит из уст в уста, но многие ли дали себе труд понять, что такое поэтическое содержание, мысль? Что поэт может быть в то же время и мыслитель, увидим дальше; тем не менее справедливо и то, что можно быть величайшим художником–поэтом, не будучи мыслителем, в смысле житейском или философском. Нельзя же мысли вроде той, что козел, ревнуя Сатира к козам, дерется с ним, отнести к области философского мышления; а между тем, кто не видит торжества искусства в пьесе Андрея Шенье:

L'impur et fier époux que la chèvre désire …*

не должен толковать о поэзии: она для него закрыта. Мало того; самая высокая мысль о человеке, душе или природе, предлагаемая вами поэту как величайшая находка, может возбудить в нем только смех, тогда как подравшиеся воробьи могут внушить ему мастерское произведение. Другое дело, если вдохновение нечаянно наведет его на точку, с которой в вашей мысли он увидит для себя такую же богатую жатву, какую нечаянно представила ему драка воробьев. И все-таки торжество будет на стороне его зоркости, а не вашей quasi высокой мысли. Так называемое содержание все-таки принесет, добудет своею зоркостью он, а не получит в грубой мысли. «Луна, мечта, дева! тряпки, тряпки!» Да, действительно, они превращались в тряпки, которыми один ленивый не помыкал. Приступавшие к ним с своими лирами были уверены, что стоит избрать хорошенький поэтически-романтический предмет, и дело уладится само собою.

С каким внутренним содержанием, с какою зоркостью он сам подходит к предмету? об этом он не хлопочет.

* Нечистый и исполненный спеси супруг, к которому коза вожделеет . . . (Фр.)

114

schieden sein sollte, die Schönheit zu empfinden, welche sie für dich in der Natur erschaut und erhört haben.

Wie oft ist der Satz zu hören: der Dichter Soundso sei reich oder arm an Gehalt und Gedanken. Der Satz geht von Mund zu Mund; wer schon hat sich die Mühe gemacht zu begreifen, was Gehalt und Gedanke einer Dichtung sind? Daß ein Dichter zugleich auch ein Denker sein kann, werden wir noch sehen; nicht minder jedoch trifft zu, daß einer der größte Künstler, Dichter sein kann, ohne ein Denker – im landläufigen wie im philosophischen Sinn – sein zu müssen. Die Idee, daß ein eifersüchtiger Ziegenbock mit dem Satyr um die Ziegen rauft, darf man wohl nicht dem Feld philosophischen Denkens zuschlagen – wer indes nicht den Triumph der Kunst in André Cheniers Gedicht

L'impur et fier époux que la chèvre désire ...*

zu erkennen vermag, der sollte über Dichtkunst nicht reden: sie ist ihm verschlossen. Mehr noch – der hehrste Gedanke vom Menschen, von der Seele und der Natur, den ihr einem Dichter als respektablen Fund unterbreiten wollt, wird ihn möglicherweise nur zum Lachen reizen, während zankende Spatzen ihn zu einem Meisterwerk inspirieren können. Was nicht heißt, daß ihn die Inspiration nicht auch zu einem Punkt führen mag, von dem aus euer Gedanke ihm ebenso reiche Ernte verheißt, wie das Spatzengezänk ihm unversehens einbrachte. Doch auch dann triumphiert des Dichters Hellsicht und nicht euer ach so großer Gedanke. Er, der Dichter, ist es ja, der den sogenannten Inhalt hervorbringt, sein hellsichtiges Auge schafft ihn zutage, nicht im ungeschlachten Gedanken wird er ihm zuteil. „Mond! Mahr! Maiden! – Plunder, Plunder! ...“ Fürwahr, sie sind zu Plunder geworden, für den Faulpelze in nicht geringer Zahl Verwertung finden. Indem die ihn auf ihre Lyra spannten, meinten sie zu wissen, daß man nur einen dieser hübschen poetisch-romantischen Gegenstände auszusuchen braucht, und die Sache erledigt sich von selbst. Mit welch innerer Substanz, welcherart Hellsicht nähert nun *er* sich dem Gegenstand? darum schert er sich nicht.

---

* (franz.) Der stolze und unreine Gatte, welchen die Ziege ersehnt ...

Но едва только свежий, зоркий художник взглянет на ту же «луну, мечту или деву» – эти холодные, обезображенные и песком забвения занесенные камни, подобно Мемнону, наполнят пустынный воздух сладостными звуками.

Давно ли раздавались смешные в настоящее время слова: «отличный человек и владеет пером» в значении: хороший писатель? Что же значит подобный отзыв? Разве человек, владеющий только пером, мыслим как поэт? и в то же время разве мыслим человек, одаренный поэтической зоркостью, который не владел бы пером, резцом, кистью и проч.? Если такой человек и не владеет пером, чему бывали примеры, зато как он владеет языком! Если на нем и будут грамматические пятна, зато как ярко выступит его идеал! Я вовсе не проповедаю грамматического неряшества, но, говоря о поэтической зоркости, даже забываю, что существует перо. Дайте нам прежде всего в поэте его зоркость в отношении к красоте, а остальное на заднем плане. Чем эта зоркость отрешеннее, объективнее (сильнее), даже при самой своей субъективности, тем сильнее поэт и тем вековечнее его создания. Пусть предметом песни будут личные впечатления: ненависть, грусть, любовь и пр., но чем дальше поэт отодвинет их от себя как объект, чем с большей зоркостью провидит он оттенки собственного чувства, тем чище выступит его идеал. С другой стороны, чем сильнее самое чувство будет разъедать созерцательную силу, тем слабее, смутнее идеал и бренней его выражение. Я не говорю, чтобы творения (дети) могучих художников не имели с ними и между собой кровного сходства: возьмите нашего Пушкина, вы по двум стихам узнаете, чьи они; но строгий резец художника перерезал всякую, так сказать, внешнюю связь их с ним самим, и воссоздатель собственных чувств совладал с ними как с предметами, вне его находившимися. Каким образом происходит подоб-

Doch sowie des Künstlers frischer, aufmerksamer Blick auf ebenjene „Mond, Mahr, Maiden" trifft, werden diese kalten, abgewrackten und vom Sand verwehten Steine – Memnon gleich – die Wüstenluft mit Wonneklängen erfüllen.

Man kennt die seit je vernommene Rede, die uns heute komisch anmutet: „ein vortrefflicher Mann, und weiß mit der Feder umzugehen", will sagen – ein ordentlicher Schriftsteller. Was meint eine solche Äußerung? Kann denn einer, der nichts als die Feder zu führen weiß, ein Dichter sein? – und ist wiederum einer vorstellbar, der, mit poetischer Hellsicht begabt, nicht die Feder wie den Meißel, den Pinsel u. dgl. beherrscht? Wenn ein solcher Mensch sich mit der Feder schwertut, wofür es Beispiele gibt, dann weiß er seine Zunge um so besser zu gebrauchen! Und haften ihm grammatische Makel an – wie kräftig spricht dann für sich sein Ideal! Ich will grammatischer Schludrigkeit gewiß nicht das Wort reden, doch wenn ich von poetischer Hellsicht spreche, vergesse ich, daß es so etwas wie die Feder gibt. Laßt uns beim Dichter zuallererst nach der Hellsicht im Hinblick auf Schönheit suchen, das übrige findet sich. Je entrückter, je objektiver (d. h. je stärker) bei aller Subjektivität diese Hellsicht ist, um so stärker ist der Dichter und um so dauerhafter sind seine Werke. Zwar kann ein Lied sehr wohl persönliche Empfindungen zum Gegenstand haben: Haß, Kummer, Liebe usw., je mehr Abstand aber der Dichter zu ihnen als Objekten gewinnt, je größer die Hellsicht, mit welcher er die Nuancen des eigenen Gefühls durchdringt, desto reiner tritt sein Ideal hervor. Andersherum gesagt, je ärger sein Fühlen die Kraft der Kontemplation angreift, desto schwächer und verworrener ist das Ideal und desto flüchtiger sein Ausdruck. Ich will damit nicht sagen, daß die Schöpfungen bedeutender Künstler (als deren Kinder) mit ihnen wie auch untereinander keinerlei Blutsverwandtschaft zeigten: nehmen Sie nur unseren Puschkin, Sie erkennen an zwei Versen, wem sie zugehören; doch hat des Künstlers Meißel in seiner Strenge jegliche, wenn man so will, äußere Verbindung zu ihnen abgetrennt, und da der Dichter seinen eigenen Gefühlen zu neuem Leben verhalf, tat er dies so, daß er mit ihnen wie mit Gegenständen verfuhr, die außerhalb von ihm gelegen waren. Wie geht eine derartige Entzweiung von Gefühl und

ное раздвоение чувства и зоркого созерцания? – тайна жизни, как и самая жизнь. Довольно того, что там, где обыкновенный глаз и не подозревает красоты, художник ее видит, отвлекает от всех остальных качеств предмета, кладет на нее чисто человеческое клеймо и выставляет на всеобщее уразумение. В этом смысле всякое искусство – антропоморфизм, и тут, быть может, кроется причина того, что во всяком монотеизме, от магометанского востока до строгого протестантизма, звучала заповедь: «не сотвори себе кумира». Воплощая идеал, человек неминуемо воплощает человека.

(1859)

hellsichtiger Kontemplation vor sich? – das ist ein Geheimnis des Lebens, so wie das Leben selbst ein Geheimnis ist. Begnügen wir uns mit der Tatsache, daß dort, wo das gewöhnliche Auge Schönheit nicht einmal ahnt, der Künstler sie sieht, von allen übrigen gegenständlichen Qualitäten entbindet, mit dem Siegel des rein Menschlichen zeichnet und der Allgemeinheit faßlich macht. In diesem Sinn ist jedwede Kunst ein Anthropomorphismus, und eben hierin liegt wohl auch der Grund verborgen, weshalb in jedem Monotheismus, vom Islam bis zum strengen Protestantismus, das Gebot stand: „Du sollst dir kein Bildnis machen." Der Mensch, der dem Ideal Gestalt verleihen will, gestaltet unweigerlich den Menschen.

Nachwort

Ein alter Mann fährt durch Moskau. An der Universität läßt er das Fenster der Kutsche herab und speit aus: „Pfui!" Sein Kutscher ist es gewohnt; jedesmal, wenn sie an der Universität vorbeikommen, hält er an. Sein Herr, der Sonderling, nennt sich Afanassi Schenschin, doch berühmt ist er unter seinem Künstlernamen Fet.

Wen verachtet er so, und wovor speit er aus? Ist es der neue Geist des Aufruhrs und der Allwissenheit, der sich – so scheint es dem Eifernden – die Vernichtung alles Althergebrachten, Verläßlichen, Wertvollen zum Ziel gesetzt hat? Oder die eigene Vergangenheit, die weit zurückliegenden Studienjahre, als er selbst einer von „denen" war, von Liberalität und Zukunftshoffnung nicht frei? Nun ist er ein Konservativer: adelsstolz bis zur Törichtkeit, Gutsbesitzer mit Leib und Seele und Verfechter der Leibeigenschaft. Einsam zumeist, mit sich selbst und mit den Menschen zerfallen, empfindet er selten Zufriedenheit und noch seltener Freude. Das Leben hat es in den ersten Jahrzehnten nicht gut mit ihm gemeint und ihn auf Wege geführt, die er nicht gehen wollte. Doch er ist sie, ohne aufzubegehren, gegangen. Nun könnte er Frieden finden, denn er ist reich geworden, genießt Ansehen, Verehrung und Feindschaft. Durch Begabung, Ausdauer und Fleiß hat er sein Unglück bezwungen. Doch er glaubt nicht daran, daß sich das Schicksal besiegen lasse. Er kennt keine Lebensfreude, sein Charakter verwehrt es und schlägt ihn nur zu oft mit Trübsinn und Mißmut. Er ist zornig auf Menschen, auf den Zeitgeist, die Universität, die Wissenschaft:

> Water closet, closet water ...
> Ists in Wahrheit doch,
> Mater alma, alma mater –
> Nur ein Jauchenloch

hat er im Jahre 1879 gedichtet. Ist das nur Übellaunigkeit und Verständnislosigkeit, oder verbirgt sich dahinter ein tiefes Mißtrauen gegen die Zivilisation und die auf die Höhe der Wasserklosettkultur führende Wissenschaft?

Das Leben hat es nicht gut mit ihm gemeint. Dennoch

glaubt er nicht, es sei ihm etwas schuldig geblieben; das Leben ist uns nichts schuldig, und wäre es anders, so könnte es uns doch nichts erfüllen. Das hat Fet von Arthur Schopenhauer, den er bewundert und ins Russische übersetzt hat. Von der *Nichtigkeit des Daseins* könnte auch er schreiben. Er hat ein Memoirenwerk von mehr als 1500 Seiten hinterlassen: *Meine Erinnerungen* (1890) und *Die frühen Jahre meines Lebens* (1893). Doch es gibt keine Epoche seines Lebens, an die er gern zurückdächte, und das Kindheitsbild, das ihm geblieben ist, zeigt einzig „Intrigen des Gesindes, Stumpfsinn der Lehrer, Härte des Vaters, Schutzlosigkeit der Mutter und Einübung in die Angst, Tag um Tag". So freudlos denkt er im Alter. Fast zwanzig Jahre hat er geschwiegen – in seinen letzten beiden Lebensjahrzehnten erwacht die poetische Begabung aufs neue. Es gibt keinen Bruch, keine jähe Abkehr, nur einen Wandel. In Stil und lyrischem Wesen bleibt er, der er gewesen, und die Verse des Alternden sind erstaunlich frisch und lebendig. Die Totenmaske der Form liegt nicht über ihnen.

Eine Kluft scheint sich zwischen seiner Erscheinung und seinem Werk zu öffnen. „Woher stammt bei diesem gutmütigen, beleibten Offizier ... eine so unerklärliche lyrische Verwegenheit, das Kennzeichen großer Dichter?" fragt sein langjähriger Freund Lew Tolstoi. Fet hätte ihm darauf mit der von Schopenhauer getroffenen Unterscheidung zwischen empirischem und intelligiblem Charakter antworten können. Proust schreibt dazu, „daß ein Buch die Hervorbringung eines anderen I c h s ist als dessen, das wir in unseren Gewohnheiten, in der Gesellschaft, in unseren Lastern zutage treten lassen ... Das I c h , das diese Werke hervorbringt, wird ... durch das andere verdunkelt, das dem äußeren Ich von sehr vielen Leuten weit unterlegen sein kann."

„Das dichterische Schaffen", betont Fet in seinen Ausführungen *Über Dichtung und Kunst*, „setzt sich demnach offenkundig aus zwei Elementen zusammen: einem objektiven, welches durch die Außenwelt gegeben ist, und einem subjektiven, der Hellsicht des Poeten – diesem sechsten Sinn, welcher von keinerlei weiteren Qualitäten des Künstlers abhängig ist." Seine Unterscheidung zwischen künstlerischer und existentieller Wahrheit und ihre Verwirklichung in sei-

nen Gedichten machen ihn zu einem Dichter, der die Ästhetik des frühen 20. Jahrhunderts vorwegnimmt.

1

Ungewöhnlich wie sein Werk ist der Lebensweg dieses Dichters. Afanassi Afanassjewitsch Fet wird im Spätherbst 1820 – das genaue Datum ist bis heute umstritten – auf dem Landgut Nowosjolki im südrussischen Kreis Mzensk des Gouvernements Orjol geboren. Seine Mutter, Charlotte Elisabeth Becker, entstammte einer angesehenen Darmstädter Familie und hatte im Jahre 1818 den Amtsassessor Johann Peter Carl Wilhelm Foeth geheiratet und bald darauf ihr erstes Kind Caroline Foeth geboren. Viel spricht dafür, daß diese Ehe von Anfang an unglücklich war. Der Rittmeister a. D. und russische Gutsbesitzer Afanassi Neofitowitsch Schenschin, der während einer Deutschlandreise einen längeren Aufenthalt in Darmstadt nimmt, zieht im Frühjahr 1820 ins Beckersche Haus und verläßt es am letzten Septembertag heimlich mit Charlotte. Der Junge, der wenige Wochen danach in Rußland zur Welt kommt, trägt den berühmten altadligen Familiennamen Schenschin und hält zeitlebens an der Version fest, daß Afanassi Schenschin sein Vater sei. Nur in einem späten, an seine Frau Maria gerichteten, zum Verbrennen bestimmten Brief verneint Fet diese Herkunft; und es ist wahrscheinlich, daß Afanassi Afanassjewitsch ein Sohn Foeths und damit rein deutscher Herkunft ist. Als Kind ahnt er nichts davon. Er wächst zweisprachig auf dem Schenschinschen Gut auf. Seit 1834 besucht er die hochgeachtete lutherische Lehranstalt in Werro (heute Võru, Estland). Den fast ausschließlich deutschen Mitschülern gilt er als Russe, und als solcher fühlt er sich vor seinem Eintritt in die Lehranstalt und mehr noch, als ihn „die größte Katastrophe seines Lebens" ereilt: In einem Brief teilt ihm Schenschin, ohne einen Grund dafür zu nennen, mit, er habe fortan den Namen Fet zu tragen. Diese juristische Entscheidung fiel, weil Fets Mutter erst zwei Jahre nach seiner Geburt nach orthodoxem, in Rußland allein gültigem Ritus mit Schenschin getraut worden war. In einem Alter, in dem sich der prägende Übergang von der Kindheit zur Jugend vollzieht, verliert Fet alles,

was ihm zeitlebens als wert gelten wird: Adel, Name und Herkunft, mit anderen Worten – sein Selbst. Schenschin gewährt keine Hilfe. Er holt den Jungen nicht einmal in den Ferien nach Nowosjolki an die Stätte der unangefochtenen Kindheit. Alle Kameraden sind nach Hause gefahren; Fet irrt allein durch die Flure, tritt in die leeren Zimmer, verlassen von allem, auch von seinem alten, einst fraglosen Selbst. Er sieht das, was er verloren, nicht als bedeutungslos und äußerlich an. Er beschließt, was er innerlich in Besitz nimmt, auch in den Augen der Welt zu erkämpfen. Er ist von Adel, deshalb muß er geadelt werden – und er ist Russe. Er wirft sich, als die Schulklasse von einem Ausflug zurückkehrt, hinter der Grenze vom Pferd, er küßt, er umarmt die Erde: Es ist die Erde der Heimat. Er beherrscht das Deutsche so wie das Russische. Doch keinen Augenblick denkt er daran, deutsch zu schreiben. Er wird der russische Dichter werden, als der er sich fühlt. Doch Ironie und Zweideutigkeit, an denen sein Geschick so reich ist, wollen, daß alle seine Gedichte unter einem Namen erscheinen, der ihm verhaßt ist: Der Name Fet sei für ihn zum Symbol all der Leiden und Ungerechtigkeiten geworden, denen er sein ganzes Leben lang ausgesetzt war, bekennt er in einem Brief an seine Frau.

1837 holt Schenschin Fet, den üblichen Ausbildungsgang jäh unterbrechend, nach Moskau, wo er in der Schule des berühmten Historikers Michail Pogodin auf die Universität vorbereitet werden soll. 1838 läßt er sich für ein Philologiestudium an der Moskauer Universität immatrikulieren. In Werro ein ausgezeichneter Schüler, ein Student, der nach der glänzend bestandenen Aufnahmeprüfung zu den größten Hoffnungen berechtigt, enttäuscht er alle Erwartungen. Zwei Studienjahre muß er wiederholen. Er lernt schlecht: Es kommt ihm nie auf Fakten, sondern nur auf ihr Zusammenspiel und ihre Wandelbarkeit in der Sprache an. Ernsthaftigkeit gegenüber dem Starren, ein für allemal Festen, wie es die Pflicht jeder Wissenschaft ist, der Feindin der Imagination – dies kann nicht sein Feld sein.

Schon der junge Fet ist ein Dichter; fast täglich schreibt er Gedichte. 1840 – Fet ist kaum zwanzig Jahre alt – erscheint sein erstes, mit den Initialen A. F. gezeichnetes Buch *Lyrischer Pantheon*. Es ist ein Jugendwerk. Dichter, die damals in

aller Munde und in vieler Herzen waren, ahmt Fet nach: Byron und Schiller, Goethe und Lermontow. Wenig läßt ahnen, daß er kaum zwei Jahre später Gedichte schreiben wird, die zu den besten russischen des 19. Jahrhunderts gehören.

Entscheidend für Fet wurde seine Freundschaft zu Apollon Grigorjew, Student und Dichter wie er. Er übersiedelt in dessen Elternhaus, das er später einmal die Wiege seines geistigen Ichs nennen wird, und er begegnet im Grigorjewschen Kreis vielen jungen Intellektuellen, die später Ruf und Einfluß in der russischen Kultur gewannen.

Seit 1841 erscheinen in der Zeitschrift *Moskwitanin*, seit 1842 in den *Otetschestwennye sapiski* seine Gedichte. Daß er sowohl in einem stark konservativen wie in einem liberal-progressiven Blatt veröffentlicht, ist charakteristisch für ihn. Mögen sich auch damals die Sympathien dem Liberalismus zuneigen, so geben sie seinem Leben kein anderes Ziel als jenes, das er stets vor Augen hat: die Wiedergewinnung des alten Namens und Rangs.

Belinski und Turgenjew erkennen seine Begabung. Er könnte, reich an Jugend und ermutigt durch seinen Erfolg, glücklich sein. Er ist es nicht: „Ich traf keinen Menschen, den die Schwermut so gepeinigt hätte, bei dem ich stärker fürchtete, er werde Selbstmord begehen. Ich bangte um ihn, ich verbrachte Nächte an seinem Bett", schreibt sein Freund Grigorjew, der hoffte, die chaotische Gärung der Kräfte in Fets Seele durch seine Gegenwart zu bezwingen. „Dieser Mensch mußte sich töten oder der werden, der er wurde ... Er war Künstler im wahren Sinne dieses Wortes." Für ihn gilt, was Goethe von Karl August gesagt hat: „... wenn ihn der dämonische Geist verließ und nur das Menschliche zurückblieb, so wußte er mit sich nichts anzufangen und war übel dran." Langeweile und Gleichgültigkeit, Weltverdruß und Schwermut stellten sich ein. Fet hat dieser Stimmung im frühen Gedicht *Schwermut* (1840) Ausdruck verliehen:

> Wenn knisternd im Kamin ein Feuer brennt
> Und Regen dumpf an meine Scheiben schlägt,
> Dann muß es in mir selbst auch Herbstzeit sein,
> Und eine bittere Schwermut stellt sich ein.

Ihr Bild und Bedeutung gebend, überwand er sie schöpferisch. Das Gedicht ist in strengen Stanzen geschrieben: Die Form besiegt die Schwermut.

Werden Melancholie, Stumpfheit, Überdruß erst nach der Katastrophe des vierzehnten Lebensjahres zu häufigen Gästen in seiner Seele? Wohl kaum. Sie sind sein Erbteil. Die Mutter Charlotte hat früh unter Hysterie und Depression gelitten und lange Jahre das Bett kaum verlassen. Die meisten seiner Geschwister, auch die Schwester aus der ersten Ehe der Mutter, wurden gemütskrank. Seine Seele ist dunkel, sein Verstand übernimmt von Schopenhauer Weltverneinung und die Gegnerschaft zum blinden, Leben hervorbringenden und Leben zerstörenden Willen. Er wird ein überzeugter Pessimist; nur ist davon – die Byron-Lermontow-Nachklänge von Weltschmerz ausgenommen – in seinem Werk nichts zu spüren. Im Gegenteil: Frische und Frühlingsatem wehen durch seine Jugendgedichte ebenso wie durch seine Altersverse. Das junge, das hoffnungsfreudige Frühjahr ist dem Dichter Fet die liebste Jahreszeit. Der Frühling ist die Prinzessin-Braut, die erneut zur Erde niedersteigt und den Morgen purpurn widerleuchten läßt. Er ist schön, freudig, verheißungsvoll nicht, weil er ewig, sondern weil er vergänglich ist; doch in seiner Vergänglichkeit, Auferstehung und Wiederkehr ist er unsterblich. Dieser Gedanke ist aufs deutlichste im Gedicht *Kiefern* ausgeführt; aber auch in anderen Gedichten – *Noch liebe, noch begehre ich; Hinter Bergen und Dünen und Wogen; Georginen* – begegnet er wieder. Das Schillerwort „Ernst ist das Leben, heiter ist die Kunst" erfährt bei Fet eine Abwandlung: Das Leben ist trübselig, die Kunst freudig. Ihre Freude ist nicht frei von Trauer, wohl aber von Gleichgültigkeit und Öde. So wird die Kunst, die zwar keinem anderen Zweck als sich selbst verpflichtet ist, zur Lebenshelferin; sie tröstet durch Schönheit, sie ermutigt durch Freude.

Im Juni 1844 schließt Fet sein Studium ab. Er könnte versuchen, als Schriftsteller frei und dürftig zu leben. Doch das widerspräche seinem Lebensplan. Zudem ahnt er, daß er keine bemerkenswerte epische Begabung besitzt. Nach einer Deutschlandreise tritt er im Jahre 1845 in die Armee ein. Das schien der leichteste Weg, den mit dem Namen Schenschin verlorenen Adel wiederzugewinnen, urteilt er

nüchtern in seinen Memoiren. Mit dem Offiziersrang war damals die Erhebung in den Adelsstand verbunden. Das Kürassierregiment, in das er, einer Schenschinschen Familientradition folgend, eintritt, ist im Chersoner Gouvernement stationiert, und die nächsten acht Jahre muß der Moskau gewohnte und dort geschätzte Fet tief in der Provinz, in Dörfern und Kleinstädten verbringen. Wieviel Enge, Interessen- und Weltlosigkeit mögen ihm im Kreis seiner trink- und streitfesten Kameraden und hinterwäldlerischer Landadliger begegnet sein! Dennoch, sein Ruhm war auch hierher gedrungen. Der selbst Gedichte schreibende Gutsbesitzer Brsheski stellt Fet seiner Frau mit den Worten vor: „Er ist hier, er ist bei uns." Und auf ihre erstaunte Frage „Wer?" antwortet er mit den Anfangszeilen eines bereits berühmten Gedichts: „Grüßend kam ich, dir zu zeigen." Beiden wird Fet bis an sein Lebensende die Freundschaft bewahren. Noch eine andere, für sein Leben entscheidende Begegnung fällt in jene Jahre. Fet lernt Maria Lasitsch kennen. Sie stammt aus einer serbischen Familie, ist schlank, hochgewachsen, gebildet und überaus musikalisch. Eine Verehrerin der Fetschen Verse, überträgt sie diese Neigung bald auf den Dichter. Auch er schätzt, auch er liebt sie. Aber die Vernunft behält die Oberhand: Sie ist arm, und er besitzt nichts. Von seinem dürftigen Offiziersgehalt können sie nicht leben, und die Zuwendungen Schenschins sind seit dem Tode der Mutter dürftig und unregelmäßig geworden. Maria Lasitsch erträgt den Bruch nicht. Bei einem wahrscheinlich selbst gelegten Zimmerbrand kommt sie ums Leben. Vielleicht fühlt Fet, an sie zurückdenkend, eine Schuld, die sein Leben noch mehr verdüstert. Maria Lasitsch wird fortan die dunkle Muse seiner Gedichte. Selbst im Alterswerk ist sie noch gegenwärtig. Längst tot, bleibt sie in Gedanken ewig jung und unwandelbar. Im Gedicht *Alter ego* aus dem Jahre 1878 wendet sich Fet noch einmal an sie:

> Deine jung-junge Seele hat alles gehört,
> Was geheime Gewalt mir zu sagen gewährt.
> Ist auch mit dir zu leben auf ewig verwehrt,
> Sind wir beide doch eins, es gibt nichts, was uns
> > trennt.

Und das Gras, das dort wächst, wo dein Grabhügel
ist,
Blüht im Herzen hier frischer, je älter es ist;
Und ich weiß, seh zuweilen die Sterne ich stehn,
Daß wir beide auf sie einst wie Götter gesehn.

Fet ist ein korrekter Soldat. Disziplin und unbedingte
Pflichterfüllung, die preußischen Kardinaltugenden, sind
sein Ideal. Gewiß bilden sie – wie später seine Exaktheit
und sein kenntnisreicher Fleiß als Pferdezüchter und Land-
wirt – Barrieren gegen Schwermut und innere Leere. Er
braucht diesen Schutz, damit ihm sein Leben wie sein Dich-
ten nicht zerrinnt. Das Impressionistische, Zerfließende,
Konturarme seiner Gedichte ist oft benannt worden. Um so
schärfere Kontur versucht er seinem Leben zu geben.
Während der Militärjahre in der Provinz hat er wenig ge-
schrieben, jedoch seinen zweiten Gedichtband (1850), der
ihn als bedeutenden Dichter ausweist, herausgegeben. 1853
wendet sich sein Schicksal zum Besseren. Er wird in das un-
weit von Petersburg stationierte Ulanen-Leibregiment ver-
setzt und gewinnt Zugang zu den literarischen Kreisen der
Hauptstadt. So lernt er Nikolai Nekrassow, Iwan Panajew,
Iwan Gontscharow, Wassili Botkin, Pawel Annenkow, Alex-
ander Drushinin und Dmitri Grigorowitsch kennen. Ne-
krassow gibt regelmäßig Gedichte Fets im *Sowremennik* her-
aus, Iwan Turgenjew wird sein literarischer Berater und
wählt die Gedichte für den 1856 erscheinenden Sammel-
band aus.
Das gleiche Jahr bringt Fet eine der schmerzlichsten Ent-
täuschungen seines Lebens: Als er zum Rittmeister ernannt
wird und sein Ziel erreicht wähnt, verfügt der Zar, daß erst
der Dienstgrad Oberst ein Anrecht auf den erblichen Adels-
titel gewährt. Fet bittet um Urlaub. Zehn Jahre hat er ge-
dient und ist, einem Phantom nachjagend, betrogen wor-
den. Er begibt sich, Reisebilder für den *Sowremennik*
schreibend, auf eine Europareise. Nach seiner Rückkehr
quittiert er 1858 endgültig den Dienst. Die Hoffnung auf
eine Militärkarriere ist wie ein Luftgebilde zerronnen, aber
er kann nicht ablassen, nach Reichtum und Adel zu trach-
ten. Er heiratet im Jahre 1857 Maria Botkina, die Tochter ei-
nes bedeutenden Teehändlers und Schwester des Kritikers

und Fet-Bewunderers Wassili Botkin. Maria ist weder schön noch jung, doch sie wird ihrem Mann eine gute Gefährtin. Fet erwähnt sie in seinen Memoiren kaum. Über die Eheschließung verliert er nur wenige Worte: „Nie habe ich eine ähnliche Angst verspürt wie in diesem Moment, und verärgert schaute ich auf Turgenjew, der unbändig lachte."

Scheinbar steht Fet auf dem Höhepunkt seines Ruhms. In Wahrheit ist seine Stunde bereits vorüber. Das Interesse des Publikums wendet sich von der Lyrik, vorzüglich von den Gedichten Fets ab. Eine neue, mit den Namen Tschernyschewski und Dobroljubow verbundene Literaturauffassung gewinnt Gewalt. Fortan zählt nur noch der Kampf gegen das überkommene und der Streit für ein neues utopisches Rußland. Die Worte Perestroika und Glasnost schallen laut von überallher. Wer von Adel ist, steht in Verdacht, der Revolution nicht ihr Allrecht zuzugestehen. Turgenjew scheidet aus der Redaktion des *Sowremennik* aus, Fet hat ein Jahr zuvor mit dieser Zeitschrift gebrochen. Doch auch der erzkonservative *Russki westnik* druckt ihn ungern. Fets Verse gelten dort als zu modern, unverständlich und kühn in der Form. Die ihm eigene konservative Starrheit entfremdet ihn den Gutmeinenden, und jedes Echo auf seine Verse verhallt. Spricht einer von Fet, dann meint er einen einstmals modernen und nun fast vergessenen Poeten.

Fet zieht sich zurück. Er kauft 1860 von der Mitgift seiner Frau ein Gut in jenem Mzensker Kreis, in dem das Schenschinsche Anwesen liegt. Hat er schon in der Militärzeit wenig geschrieben, so verstummt er nun als Dichter gänzlich. Allerdings tritt er, für Gutsbesitzer und Leibeigenschaft Partei nehmend, mit Artikeln an die Öffentlichkeit und lenkt Zorn und Hohn der Progressiven auf sich. Er entfremdet sich dem hauptstädtischen Denken mehr und mehr, wird Friedensrichter in seinem Kreis, verwaltet sein Gut mit Umsicht, Fleiß und Kenntnis und mehrt seinen Reichtum. Einzig Lew Tolstoi hält ihm in jenen Jahren die Freundschaft.

Ein Erlaß des Zaren vom 26. Dezember 1873 setzt Fet in die alten Rechte ein und erlaubt ihm endlich, den Namen Schenschin zu führen. 1877 verkauft er sein Anwesen und erwirbt das große, von einem herrlichen alten Park umge-

bene Gut Worobjowka im Gouvernement Kursk sowie ein Haus in Moskau, in dem er die Wintermonate verbringt. Er wendet sich wieder der Literatur zu und überläßt die Bewirtschaftung seines Gutes einem Verwalter.

Der Zeitgeist, unbeständiger als ein Menschenleben, hat sich gewandelt und weht Fet nicht mehr feindlich entgegen. Mit dem Regierungsantritt Alexanders III. erlöschen die Hoffnungen auf Fortschritt und Freiheit. Dobroljubow und Tschernyschewski sind tot, und alles vordergründig Politische bleibt ohne Echo. Die Poesie Fets, seine leisen Töne und metaphorischen Worte finden wieder Gehör. Fet ist nicht mehr vereinsamt und geistig verbannt wie in den siebziger Jahren. Ein kleiner, doch wichtiger Kreis sammelt sich um ihn. Er überträgt *Faust* I, *Die Welt als Wille und Vorstellung* von Arthur Schopenhauer und eine Vielzahl römischer Klassiker ins Russische. Auch veröffentlicht er aufs neue in Zeitschriften. 1883 gibt er die Gedichtsammlung *Abendfeuer* heraus, der er jeweils im Abstand von zwei bis drei Jahren drei weitere unter dem gleichen Titel folgen läßt. Die Auflagenhöhe ist gering. Am 21. November 1892 stirbt Fet.

2

Beschränkt wie Fets Auffassung sei der Kreis seiner Themen, erklären seine Gegner. Sie urteilen billig, weil Natur–Liebe–Künstlertum, eine traditionsreiche Trias der europäischen Poesie, sein ganzes Œuvre umspannt; sie vergessen, daß bei ihm jedes Wort neben seiner unmittelbaren eine metaphorische Bedeutung besitzt und so die thematisch vorgegebenen Schranken durchbricht.

Zwar ist Fet der romantischen Tradition verpflichtet. Doch wenn Rilke recht hat, daß die Romantiker die Natur ähnlich liebten, „wie der Held einer Turgenjewschen Novelle jenes Mädchen liebte, von dem er sagt: ‚Sophia gefiel mir besonders, wenn ich saß und ihr den Rücken zuwendete, das heißt, wenn ich ihrer gedachte, wenn ich sie im Geiste vor mir sah, besonders des Abends, auf der Terrasse ...‘", dann ist Fet kein Romantiker. Seine Naturbeschreibung ist konkret und treu im Detail. Nicht allein Symbolvögel wie Adler, Schwan und Nachtigall – letztere beruft er in seinen

Versen nicht weniger als siebzigmal – durchfliegen seine Gedichte. Er sieht Schwalbe und Kauz, Kiebitz, Feldweih und Krähe. Er beobachtet ihren Flug. Er kontaminiert keine einander ausschließenden Naturbilder. Stets wählt er eine bestimmte Jahreszeit und eine genaue Tagesstunde. Seine Schilderung bleibt dem Augenblick verpflichtet. Sie ist impressionistisch, sucht eine Stimmung, einen Eindruck und vermeidet die scharfe Kontur. In einem Brief schreibt Fet: „Für den Künstler ist der das Werk hervorrufende Eindruck wichtiger als der Gegenstand, der den Eindruck entstehen läßt." Besonders deutlich wird seine impressionistische Sicht in den folgenden Versen:

> Ein Schwan überm Weiher zum Binsenrohr drang,
> Der Wald schlug im Wasser um;
> Das Dämmer die Zinnen und Wipfel verschlang,
> Zwei Himmel verzerrten sie stumm.

Der kühne Vergleich des wie ein Boot im Wasser in seinem Spiegelbild kenternden Waldes, das Verschwimmen der Grenzen in diesem Element sind bestürzend modern und weisen ins 20. Jahrhundert.

In der *Steppe am Abend* – nicht zufällig wählt Fet für seine impressionistischen Bilder die Dämmerung, in der die Linien und Farben undeutlich werden – verschmelzen Bild und Klang zu e i n e m Eindruck, zu e i n e r Stimmung:

> Im Scharlachglanz die Wolkenscharn zergehen,
> Die Felder baden sich im Tau. Am Hang
> Des dritten Hügels noch einmal zu sehen:
> Die Kutsche schwand, und staublos stirbt ihr Klang.

Hier tritt ein weiterer Wesenszug der Fetschen Lyrik hervor: ihre hohe Musikalität. Fets Affinität zur Musik wird von vielen, die ihn kannten, bezeugt. In der Erzählung *Der Kaktus* berichtet er von der Faszination, die von der Zigeunermusik ausgeht. Mehrfach ist er in Moskau mit Zigeunern zusammengetroffen, und auch die Gedichte *Einer Sängerin* und *Ein Lächeln, dem Trübsinn entsprungen*, könnten darauf verweisen. Die Zigeunermusik hat die russische Lyrik über Jahrzehnte beeinflußt, und viele, auch Fet, ver-

suchten die Modulation in ihren Romanzen durch das Wort nachzubilden. *Wie die Sonne steigt leuchtend ein Feuer empor* gilt als die beste Zigeunerweise Fets.

So wie in der impressionistischen Musik der Takt die alte Bedeutung verliert, tritt die Kontur in Fets Melodien zurück. In *Tagelang regte sich in mir* widerspricht der Dichter der grammatikalisch richtigen Behauptung, l i e b e n sei eine Handlung. Für ihn ist es ein Zustand, ein Gefühl, ein Eindruck. Seine Gedichte geben Stimmungen und keine logischen Abläufe wieder. Fet setzt sich zum Ziel, durch den Klang dem Ausdruck zu geben, was durch Worte nicht sagbar ist. Melodie und Wort rufen Assoziationen hervor, führen zu Einsicht und begriffsloser Erkenntnis, an der die den Bedeutungskreis des Wortes verengende Logik blind vorbeigeht.

Das frühe Gedicht *Bild, schön ohnegleichen* ist ein treffendes Beispiel für den Fetschen Melodienreichtum. Harmonie herrscht nicht allein zwischen Wort und Klang, sondern auch zwischen Bild, Sprache, Syntax und Wort. Das Gedicht schließt mit einer bezaubernden Kadenz. Im russischen Original steht in der letzten Verszeile das einzige viersilbige Wort des Gedichtes: одинокий, das ein Verschwingen und Ausklingen im Sichentfernen des Schlittens hörbar werden läßt. Zugleich tritt uns der kühne Neuerer Fet in diesen Versen entgegen: Er braucht kein einziges Verb, um ein Bild von solcher Plastizität zu zeichnen. Seine verb-losen Gedichte, deren Musikalität verhindert, daß sie manieriert wirken, sind oft geschmäht und bewundert worden. *Flüstern, scheues Atmen, Wanken* ist das berühmteste unter ihnen.

Das Verschwimmende, Stimmungshafte, Undeutliche wird bei Fet durch die Wahl der Themen und Situationen gefördert. Träume, Fieberphantasien, Spukerscheinungen, Zwielicht und Dämmerung gehören zu seinen Lieblingsmotiven.

„Ich verstehe nichts", äußert ein Kritiker, als er frühe Verse von Fet rezensiert. Dieses Wort hat Fet von Anfang bis Ende seiner Dichterlaufbahn verfolgt. Er begünstigte es, indem er den poetischen Grundsatz l' a r t p o u r l' a r t in seinen Schriften vertrat. Mit Wassili Maikow und Jakow Polonski wurde er der S c h u l e d e r r e i n e n K u n s t

zugerechnet. Gewiß ist, daß sich die Frage der reinen Kunst nur einer Epoche stellt, die Ursprünglichkeit und Unmittelbarkeit verloren hat. Dennoch ist kaum ein anderes poetisches Programm so böswillig und einfältig mißverstanden worden. Fets Auffassung meint nicht, daß die Kunst welt- und beziehungslos bleiben müsse, sie widerspricht nur jedem Versuch, sie als bloßen Zweck zu mißbrauchen, sei es zur Förderung der Religion oder der Revolution, sei es zur Verherrlichung des Zaren, des Vegetarismus, des Okkultismus oder eines anderen Zeitherrschers. Kunst wendet sich unmittelbar an den Menschen und ist ihm, wenn auch in anderer Weise, so unentbehrlich wie das Brot, von dem allein er nicht leben kann.

„Ohne das Gefühl der Schönheit läuft das Leben auf eine Hundefütterung in einem schwül-stickigen Hundezwinger hinaus", hat Fet, der die Schönheit als wichtigste Aufgabe der Poesie ansah, geschrieben, und an anderer Stelle sagt er: „Ein Dichter ist der, welcher in einem Objekt das sieht, was ein anderer ohne seine Hilfe nicht erblickt." Diese Hilfe hat Fet als Dichter niemals verweigert.

Es ist gesagt worden, Fets Landschaft zeige die Welt wie in den ersten Schöpfungstagen, unberührt von einer menschlichen Hand. Dem widerspricht die Genauigkeit, mit der er Zivilisationslandschaften beschreibt, und daß in der russischen Literatur keiner vor ihm die Natur beseelter, anthropomorpher gesehen und beschrieben hat. Die Natur beseelt zu sehen, geht auf die Tradition des alten Griechenlands zurück, in dessen Mythologie Pflanzen und Tiere, ja selbst Steine verwandelte Menschen sind und die Erinnerung an ihr vergangenes Leben bewahren.

Seine Bindung an die Antike, seine Hochschätzung klassischer Formen und Themenkreise hat Fet zeitlebens betont. Wie er in seinem Leben durch Disziplin, Fleiß und Beständigkeit Dämme gegen seine Schwermut und Gleichgültigkeit errichtet, so versucht er das Zerfließende, Unbestimmte, Stimmungshafte in seinen Versen durch Form und klassisches Maß zu bändigen. Beides ist ihm nicht immer gelungen. Aber er ist einer der großen russischen Dichter geworden – mit einer Tapferkeit, die in seinem Gedicht *An den Tod* ihren schönsten Ausdruck gefunden hat:

Mein Wille herrscht, noch kannst du dich ihm nicht
entziehen,
Mein Schatten bist du, Trugbild ohne Angesicht;
Solang ich atme, hat dir erst mein Denken Sein
verliehen,
Du bist ein Spielzeug meines Sehnsuchtstraums –
mehr nicht.

Uwe Grüning

Quellenanmerkung

Abdruck und Übertragung der Gedichte folgen der Ausgabe

A. A. Fet, Polnoe sobranie stichotvorenij (Sämtliche Gedichte),
   Leningrad 1959.

Den Prosatexten „Der Kaktus" und „Über Dichtung und Kunst"
liegt die Ausgabe

A. A. Fet, Sočinenija v dvuch tomach (Werke in zwei Bänden),
   Band 2, Moskau 1982,
zugrunde.

Die Jahreszahlen unter den Originaltexten nennen in der Regel das
Entstehungsjahr, die in Klammern stehenden zumeist das Jahr der
Erstveröffentlichung.

Inhalt

Die skeptische Landschaft

Deutschsprachige Lyrik aus der Schweiz seit 1900

Herausgegeben und mit einem Vorwort von K.-D. Schult.
Band 1243. Broschur 2,50 M

Diese nicht nur von ästhetischen Maßstäben geprägte, vielmehr Eigenarten und Spannweiten verdeutlichende Anthologie gibt dem Leser der DDR erstmals einen Überblick über eine Gattung der deutschsprachigen Schweizer Literatur des 20. Jh., die gegenüber dem epischen Schaffen bisher im Hintergrund blieb. Chronologisch nach Geburtsdaten geordnet, sind über 60 Lyriker mit jeweils mehreren Texten vertreten. Wenngleich diese Lyrik gelegentlich in der Idylle verharrte, harmonisierender Zurückgezogenheit hold war – im Zentrum steht der zögernde skeptische Zugriff auf die widersprüchliche, so gar nicht harmonische Wirklichkeit der Schweiz. Ein umfangreicher biobibliographischer Anhang macht die Ausgabe zugleich zu einem kleinen Nachschlagewerk.

Die Sonnenuhr

Tschechische Lyrik aus 11 Jahrhunderten

2 Bände

Band 1: 10.–19. Jahrhundert
Band 2: 1900–1950

Aus dem Tschechischen
Herausgegeben und mit Einleitungen versehen
von L. Kundera
Mit 26 und 36 Abbildungen
Band 1153 und 1154 · Broschur zusammen 7,– M

Die Anthologie bietet in Nachdichtungen namhafter DDR-
Lyriker sowie literaturgeschichtlichen Begleittexten erstma-
lig einen Gesamtüberblick über die tschechische Lyrikent-
wicklung von den Anfängen bis zur Mitte unseres Jahr-
hunderts: von den ersten Schriftdenkmälern über die mit-
telalterliche Blütezeit, die Vielfalt des Barock, die Kulmina-
tionspunkte einzelner Dichterpersönlichkeiten im 19. Jahr-
hundert – Mácha, Neruda, Vrchlický u. a. – bis zur mo-
dernen Poetik freier Rhythmen – Bezruč, Nezval, Halas,
um nur einige Namen zu nennen. Auch Beiträge aus der
Volkspoesie, Bänkellieder und Protestsongs wurden aufge-
nommen.

Reclam
Bibliothek

BELLETRISTIK

WLADIMIR MAJAKOWSKI
Gedichte

Russisch und deutsch

Herausgegeben von G. Schaumann. Aus dem Russischen.
Band 1073 (Sonderreihe) · Broschur 3,50 M

Diese ausgewogene, thematisch gegliederte Auswahl reicht
von frühen, futuristischen Gedichten eines enthusiastisch
die Welt angreifenden und sich immer wieder an ihr
schmerzhaft stoßenden Empörers über Verse voller Hoff-
nung auf die menschenverändernde Kraft der Revolution
bis zu neuartigen, aufwühlenden Liebesgedichten des rei-
fen Majakowski.

FRITZ MIERAU
Zwölf Arten die Welt zu beschreiben

Essays zur russischen Literatur

Mit einer Vorbemerkung und einem Nachwort des Autors.
Mit 12 Silhouetten von J. S. Kruglikowa
Band 1236. Broschur 2,50 M

Ein unakademisch geschriebenes Lesebuch zu einem interessanten Stück russisch-sowjetischer Literaturgeschichte der ersten Hälfte d. Jh. Die „Zwölf Arten ..." sind die von A. Bely, M. Kusmin, A. Blok, I. Babel, S. Jessenin, I. Ehrenburg, S. Tretjakow, V. Schklowski, W. Majakowski, W. Chlebnikow, A. Achmatowa und O. Mandelstam. Der Autor dokumentiert auch ein zutiefst persönliches Bekenntnis zu deren „welterfahrener Häuslichkeit", auch wenn diese angesichts der Unrast und des Umgetriebenseins, angesichts der Selbstaufgaben, gewaltsamen Tode und Weltverweigerungen überraschen muß.